My Heilmann

Florenz und die Medici

Die Geschichte eines Patriziergeschlechts der Renaissance

DuMont Buchverlag Köln

Auf der Vorderseite des Umschlags: *Dom und Campanile des Giotto* (Foto: SCALA, Istituto Fotografico Ed., Antella/Florenz)

Auf der Innenklappe: *Sandro Botticelli: Allegorie des Frühlings (Detail), Uffizien* (Foto: SCALA, Istituto Fotografico Ed., Antella/Florenz)

Auf der Rückseite: *Blick vom Palazzo Pitti auf die Stadt* (Foto: ZEFA, Düsseldorf)

Heilmann, My:
Florenz und die Medici d. Geschichte e.
Patriziergeschlechts d. Renaissance / My Heilmann.
– Köln : DuMont, 1985
(DuMont-Kunst-Dokumente)
ISBN 3-7701-0430-7

Satz und Druck: Rasch, Bramsche, und Willi Frings, Köln
Buchbinderische Verarbeitung: Boss-Druck, Kleve

Printed in Germany ISBN 3-7701-0430-7

Inhalt

Vorwort

Manchmal beeindrucken uns Erlebnisse so tief, daß wir glauben, nie könne ihre intensive Klarheit in unserer Erinnerung verblassen. Und doch, wie oft geht das »Unvergeßliche« in der Flut neuer Ereignisse verloren. Die Gedanken gehen zurück, es wieder aufzuspüren. Wir haben unser Wissensgut wieder, jedoch der Zauber des erstmalig Erlebten haftet ihm nicht mehr an und ist für immer dahin.

Florenz aber ist immer von neuem ein erregendes Erlebnis. Das Pochen seines Blutes ist verbunden mit dem Herzschlag eines Geschlechts, welches Florenz geprägt und geformt hat: mit den Großen der Medici. Dieses erstaunliche Geschlecht brachte Männer hervor, die großartig, klug und weitblickend, die Politiker, Philosophen und Dichter waren, aber auch haltlos und zerrissen, Mörder und blutige Tyrannen. Alle haben sie der Stadt, die sie formten, ihren Stempel aufgedrückt. Da sie Menschen waren mit Leidenschaften, Hoffnungen und Ängsten, vermag ihr Fluidum, das Florenz durchdringt, die Geschehnisse vergangener Jahrhunderte auch heute noch zu beleben. An den Mauerecken imposanter Häuser, über den Portalen prachtvoller Paläste, in prunkvollen, weitläufigen Räumen, in Kirchen, Museen, öffentlichen Gebäuden, an Plätzen und Denkmälern – überall prangt das Wappen der Medici, in seiner Vielzahl noch heute beeindruckend als ein Insignum ihrer Macht.

Fast dreihundert Jahre waren die Medici – mit einigen Wechselfällen – die regierenden Herren von Florenz, mit seinem Schicksal in Glück und Unglück unlöslich verstrickt. Die großen Zeiten der Medici fielen zusammen mit den unvergänglichen Schöpfungen der Renaissance-Künstler in Florenz. Selbst im Tode wurden sie Teil des künstlerischen Gefüges der Stadt, denn die Grabmäler der Medici älterer Linie sind Wunderwerke an Schönheit, von Künstlern geschaffen, denen sie lebenslang Gönner, Freund und Schützer waren.

Die Angehörigen der Medici jüngerer Linie ruhen in der Krypta unter der Cappella dei Principi – der Fürstengruft von fast gigantischem Prunk aus farbigem Marmor, als Grablege für die Großherzöge Medici erbaut. Unter dem glänzenden Fußboden liegen sie in einem weiten Gewölbe, gelöst von ihren Leidenschaften, ihren großen Taten und heimlichen Verbrechen. Eine geisterhafte Stille umweht ihre Stätten, und doch – auch diese Toten sind nicht vergessen. Denn oben im hellen Licht des Tages erzählt Florenz die Geschichte ihrer Leben.

Die Letzten des Geschlechts, dekadent und verbraucht, sanken tiefer und tiefer, bis der letzte männliche Erbe in Laster und Trunkenheit verkam. Doch die Jahrhunderte hindurch hatten alle Medici eines gemeinsam: eine große, einfühlsame Liebe zur Kunst. Sie waren besessen von der Leidenschaft, Kunstwerke zu sammeln, mit denen sie ihre Stadt schmückten und sie zu einem Juwel machten, das mit seinem Glanz jeden in seinen Bann zieht, der willens ist, sich der Stadt hinzugeben, die fast drei Jahrhunderte ihrer wechselhaften Geschichte, ihrer Größe, ihrer Kultur und ihrer Kunst ungebrochen offenbart.

Der zweite Teil des Buches, eine chronologische Übersicht mit Bildbeispielen, möchte dem Leser und Besucher von Florenz einen Überblick über die in den Jahrhunderten der Medici tätigen Maler, Bildhauer und Architekten geben und ihm zeigen, wo er deren einzelne Werke in Florenz findet.

Herr Dr. Ulrich Häussermann war so liebenswürdig, dem Buch eine Einführung mitzugeben, in der er, knapp zusammengefaßt, die wichtigsten Elemente aufzeigt, die den Charakter der Stadt Florenz bestimmen.

My Heilmann

Zur Geschichte von Florenz

Von Ulrich Häussermann

Die Geschichte von Florenz unter der Herrschaft Medici ist das Thema dieses Buches. Das geistige Kraftfeld, in dem die Medici stehen und an dem sie mitbauen, will dieses einleitende Kapitel andeuten.

Von dem »wunderbaren florentinischen Geist« spricht Burckhardt, von dem »Licht des florentinischen amore« spricht Brandi, andere wählen ähnliche Begriffe, wenn sie auf Florenz zu sprechen kommen.

Hier sei versucht, einige entscheidende Träger des Geistes dieser Stadt zu nennen und an ihnen, beispielhaft, die Kraft selbst aufzuzeigen.

Es ist gut, differenziert zu sehen. Von Dante zu Alberti, von Lorenzo zu Alessandro de' Medici, von Giotto zu Botticelli spannen sich weite Räume. Und doch ist es immer der Himmel von Florenz, der durch alle Gestalten scheint.

Die Polis

Wenn man, mit Burckhardt, in Florenz das Gemeinwesen mit der »höchsten politischen Bewußtheit« sieht, ein Athen der Renaissance also, so liegen die Anfänge dieser Geistesart weit zurück. Zur Vorgeschichte einige Stichworte.

Das Wort Toscana, mittelalterlich Tuscia, leitet sich vom lateinischen Etruria ab: Land der Etrusker also. Das wohl aus Kleinasien stammende Volk der Etrusker, von der Küste her einwandernd, unterwarf im 8. Jahrhundert v. Chr. die (den Kelten verwandte) italische Urbevölkerung und bildete bis ins 4. Jahrhundert hinein einen durchaus streitbaren, vermutlich straff organisierten, kulturell blühenden Staatenbund. Das 6 km nördlich Florenz liegende Fiesole, um 450 v. Chr. gegründet, war ein wichtiges Bollwerk der Etrusker gegen Gallier und Ligurer. Eine eindrucksvolle Reihe etruskischer Gräber hat man im Nordwesten von Florenz entdeckt.

Den eigentlichen »Knochenbau« der Stadt Florenz (Grote) haben aber die Römer geschaffen – eine streng geometrische Bauordnung, gewissermaßen die

Partitur, über der dann die Jahrhunderte ihre Variationen schufen. Die antike Colonia Florentina, 59 v. Chr. durch Cäsar gegründet, ist baukastenartig in starre Quadrate gegliedert, hat Mauer und Tore, ist kunstvoll mit Wasser versorgt und birgt elegante Thermen und eine mächtige Arena (erbaut um 100 n. Chr., durch die Goten zerstört um 540). Spätestens der große Verwaltungsreformer Diokletian macht Florentia zur Regierungsstadt der Toscana.

Über die zerstörerischen Einfälle der Hunnen und Goten soll hier nicht berichtet werden. Karl der Große setzt den Grafen von Florenz über die Markgrafschaft Toscana. Unter der berühmten Mathilde von Canossa entsteht um 1080, den alten römischen Befestigungen folgend, der machtvolle mittelalterliche Mauergürtel.

Das eminent politische Denken der Römer erfährt hier also eine Steigerung durch das technische Talent, für das die Etrusker in der Antike bekannt waren (Kraggewölbe, toskanisches Erz). Die Summe beider Begabungen hätte sich aber nicht entfalten können, wäre nicht Florenz, etwa von 1200 an, durch alle Gegebenheiten des Schicksals geradezu die ideale Wirkungsstätte dafür geworden.

Nirgends stoßen die beiden großen italienischen Kräftegruppen der »weißen« Kaisertreuen (Ghibellinen) und der vom Papst gestützten »schwarzen« Kämpfer für die Städtefreiheit (Guelfen) so leidenschaftlich aufeinander wie hier. Um 1200 sieht es in Florenz so aus: Das einfache Volk lebt im Schatten der herrschenden Geschlechter; Symbol der Patrizierfamilien: der steil ragende, fast unangreifbare Turm, von dem aus der Nachbar notfalls mit Wurfmaschinen beschossen werden kann. Das Stadtbild von Florenz muß vor allem durch den phantastischen, wie orientalisch anmutenden Reichtum Hunderter solcher stolzer Türme geprägt worden sein.

Zwischen den führenden Geschlechtern, die in die Parteien der Ghibellinen und der Guelfen gespalten sind, herrscht bitterer Hader, der von Zeit zu Zeit in verbissenen Kampf ausbricht. Die leidvollen Opfer bringt natürlich das einfache Volk.

Hat die fortgesetzt schwelende Unruhe den politischen Sinn des Volkes geweckt und entzündet, so wird er aufs schärfste geschliffen durch das Ereignis, das weit über Florenz hinaus von tragender Bedeutung bleibt: die großangelegte, geschlossene Volkserhebung im Jahre 1250, eine denkwürdige »Morgenröte des neuzeitlichen Klassenkampfes« (Lucas-Dubreton).

Eine erste, urtümlich einfache demokratische Volksregierung wird eingesetzt, die den Streit der Patrizier zu schlichten sucht, vor allem aber den Einfluß der großen Geschlechter scharf beschneidet. Hochinteressant ist der symbolische Akt: Sämtliche Türme müssen auf das Niveau von höchstens 26 m abgetragen werden.

Die unablässig wechselvollen Schicksale der Republik Florenz – bis zu ihrem endgültigen Untergang im Prinzipat unter Großherzog Cosimo I. de' Medici – müssen wir hier nicht im einzelnen verfolgen. Wichtig ist das erregende Risiko des demokratischen Anfangs, mit dem freilich ein ruheloses Experimentieren verbunden ist. Wichtig ist, zu begreifen, wie tief tatsächlich jeder Florentiner – ob Geschäftsmann, ob Philosoph, ob Dichter, ob Künstler – in die Geschichte seiner Stadt verflochten ist, leidenschaftlicher als sonst im Abendland.

Politische Bedeutung hat die Domkuppel dieser Stadt. Einen politischen Akzent haben die großartigen Denkwege eines Ficino. Auf Politik zielt das Wirken der Medici-Bankiers. Eine politische Pointe steckt auch in der Commedia des Riesen unter den florentinischen Genies, Dante.

Dante

Woran liegt es, daß der Geist Dantes das ganze italienische Denken und Tun durchsetzt, totaler, frageloser als etwa Goethe bei uns oder Shakespeare in England lebendig sind? Die Absolutheit, mit der Dantes Bilder, Dantes Worte, Dantes Maßstäbe heute wie eh und je regieren, ist um so erstaunlicher, wenn man bedenkt, daß Dante eine mittelalterliche Gestalt ist, für uns in vielem verschlossen und fremd.

Dantes Wirkung beruht wohl vor allem auf zwei Qualitäten: Dante denkt und spricht immer praktisch, anwendbar, und Dante sieht immer universal.

Die Kombination beider ist nur möglich durch die grandiose Einfachheit (T. S. Eliot nennt es die »Helligkeit« der Sprache Dantes).

Praktischen Charakter hat schon das Frühwerk, die »Vita Nuova«: Der Akzent liegt nicht auf der (zweifellos realen) selbstbiographischen »Indiskretion«, sondern – was viel zu wenig gesehen wird – auf der wegweisenden Mitteilung. Darin, in der ganz prätentionslosen, »leisen« Anleitung, wie man Erfahrung sublimieren könne, unterscheidet sich die Vita Nuova von allem Vorangegangenen (Troubadourlyrik) und von allem Folgenden (das mit Petrarca gleich wieder ins Sentiment zurückkehrt).

Ebenso gesund und praktisch ist eigentlich die ganze Divina Commedia. Die weitausholenden visionären und philosophischen Mittel dürfen nicht darüber hinwegtäuschen, daß die großen Bilder, wie etwa der Trichter, der Berg, bestürzend simpel sind, und daß die Sprache sehr gerade, einfach und oft lustig spricht. Es ist dieselbe handfeste Überzeugungskraft, die Luthers Sprache zur deutschen gemacht hat – darum ist Dantes Sprache zur italienischen geworden.

Das praktische Denken, das stets auch einen politischen Faktor hat, und der universale Blick – diese beiden tragenden Werte sind typisch florentinisch. Der Geist von Florenz ist immer wohltuend nüchtern. Und er hat jene Freiheit, die auch etwas Politisches an sich hat, die glanzvolle Freiheit eines riesigen Horizonts. So ist dieser Geist sehr provinziell und weltbezogen zugleich.

Wenn Dante, über den prachtvollen Realismus der Sprache hinaus, zeitlos ist, so durch seine hohe Schule des wahrhaft makrokosmischen Sehens. Nicht die Urteile sind bedeutend, die Dante fällt. Bedeutend ist das unbedingte Wandernkönnen des inneren Blicks.

Giotto und Masaccio

Natürlich kann hier unmöglich der ganze vielfarbige Reichtum florentinischer Kunst gezeigt werden. Es sei versucht, bei Giotto und Masaccio, diesen beiden kühnsten Erfindern (hinter denen vielleicht auch Ghiberti und Donatello zurücktreten) etwas von den Energien zu fassen, die hier schöpferisch sind.

Giotto (1266–1337), Vollender des gotischen und zugleich Eröffner des renaissancehaften Sehens, durchdringt und übersteigt das Formelhafte des mittelalterlichen Bildes. Er rückt das Geschehen aus dem frommen Goldgrund (in dem sein Lehrer Cimabue noch ruht) in das diesseitige Licht eines nüchternen Blau oder Grau. Der Blick hält sich, bei aller Weite, streng im Flächig-Epischen.

Giottos meditative Kraft ist begleitet von einem hellwachen, fast zärtlichen Gefühl, mit dem er szenische Nuancen – etwa im Leben Christi oder im Franziskus-Leben – neu aufschließt. Die farbliche und graphische Komposition hat jenen fließenden, großen Atem, von dem etwas Heilvolles, Läuterndes auszugehen scheint.

Den für das Quattrocento maßgeblichen Masaccio (1401–1428) könnte man, im Vergleich mit Giotto, den Dramatiker nennen. Er baut einen bestechend realistischen Raum, von einer bis dahin ungekannten perspektivischen Schärfe und Tiefe, und verschmelzt seine Gestalten, die er voll-körperlich plastiziert, mit diesem Raum zu einer Einheit.

Sein Rhythmus ist wohl der dichteste in der florentinischen Malerei. An Masaccios Brancacci-Kapelle (in Santa Maria del Carmine) haben sich alle nachfolgenden Künstler, unter ihnen Leonardo und Michelangelo, geschult.

Alberti und Brunelleschi

Die für die Baumeister der Renaissance in vielem vorbildliche, wahrhaft klassisch ausgewogene romanische Kirche San Miniato, der kühne Kuppelbau des Baptisteriums, der von Giotto entworfene feingegliederte Campanile des Doms: all dies ist hier nicht im einzelnen zu studieren. Auch nicht die Herkunft und Geschichte der für das florentinische Baugefühl entscheidenden burgartigen Rustica*, die den Palästen das einschüchternd Sichere, Gewalthaberische gibt.

Hier sind als die Exponenten der florentinischen Baukunst die beiden ehrgeizigen Genies Leon Battista Alberti und Filippo Brunelleschi zu betrachten. Alberti ist einzigartig als Theoretiker, Brunelleschi ist einzigartig als Praktiker der Renaissance-Architektur.

Will man sich einen Renaissance-Menschen wie Alberti leibhaftig vorstellen, so muß man wissen: Das ist ein Kerl, der mit geschlossenen Beinen über die Schultern von zehn Männern springt, eine eisenbeschlagene Tür mit dem Pfeil durchbohrt, über die 90 m hohe Domkuppel einen Apfel wirft, Volten reitet, ohne daß eine auf der Fußspitze balancierte Gerte fällt, Orgel spielt, lateinisch und griechisch versteht, Zerrspiegel konstruiert, aus einem Binnensee eine antike Galeere hebt, über Seemannswesen, Pferdezucht, Mode, Familiensitten, Strafrecht, Theorie der Farbtöne, Malerei und Baukunst schreibt.

Pedantische Leute sind mit einer solchen Gestalt schnell fertig, indem sie eine Art Allround-Dilettanten darin sehen. Tatsächlich aber atmet durch alle seine Werke eine echte schöpferische Freiheit des Erkennens.

Alberti entwirft eine Theorie der Malerei (1436) und eine Theorie der Baukunst (1450). Er ist der erste, der eine exakte Formulierung für das Prinzip der Perspektive findet. Seinem Dogma, das ungefähr besagt, die Vollendung des genauen Sehens sei die Perspektive, folgen von nun an fast kritiklos alle florentinischen Künstler.

Brunelleschi – als Goldschmied, Bildhauer, Architekt und Ingenieur gleichbedeutend – hat in Florenz das Findelhaus (Ospedale degli Innocenti), die Kirchen San Lorenzo und Santo Spirito und die Pazzi-Kapelle geschaffen, vor allem aber das die ganze Stadt krönende, herrische Symbol der Domkuppel (1418–1432).

Wie oft, haben die Zeitgenossen an diesem Werk nicht so sehr den künstlerischen Akt begriffen, sondern sie waren hingerissen von der geometrischen und

* Mauerwerk aus derben, an der Vorderseite roh behauenen Quadern. Aus der Variierung der Oberflächenbehandlung in den verschiedenen Stockwerken läßt sich die Bauzeit ablesen.

technischen Sensation. Zweifellos handelt es sich auch zunächst um eine historische Leistung der Ingenieurkunst. Das Risiko, eine gigantische Kuppel zu wölben, muß gewissermaßen das heiße Eisen von Florenz gewesen sein. In ungezählten hitzigen Diskussionen (von denen Vasari erzählt) wurde die Unmöglichkeit eines solchen Abenteuers erörtert, Brunelleschis Rechnung immer wieder als das Hirngespinst eines »Phantasten ohne jeden Verstand« betrachtet. Brunelleschi selbst war vorsichtig genug, das Gelingen seines Werkes der Jungfrau Maria anheimzustellen. »Nur wenn ich daran denke, daß diese Kirche der Jungfrau geweiht ist, vertraue ich, daß sie unser Wissen erweitern und den Geist, die Kraft und das Können dessen stärken wird, der eine solche Sache wagt.«

Brunelleschi, der »selbst bei der kleinsten Arbeit in großen Maßstäben dachte« (Murray), hat in dieser Kuppel ein Zeichen kosmischen Stils gesetzt: Von der Nähe fast erdrückend, wirkt sie von der Weite, im Gesamtbild der Stadt gesehen, als ein königlich beherrschendes Haupt, das über dem Ganzen schwebt, die Mitte der Polis. Ausdruck eines souveränen, nur die ganz großen Bögen spannenden Denkens.

Die »Platonische Akademie«

Das, was wir den Geist von Florenz nennen, findet in den Häuptern der sogenannten »Platonischen Akademie« seine gedankliche Ausprägung. Hier erreicht der florentinische Geist seine – man möchte sagen: modernste – Form.

Von dem griechischen Platoniker Giorgios Gemisthos Plethon angeregt, stiftete Cosimo de' Medici, »der Alte«, im Jahr 1459 die »Platonische Akademie« von Florenz. Hier philosophierten die führenden Geister, unter ihnen auch Giuliano de' Medici und Lorenzo der Prächtige, in freizügiger Weise: in Reden und Gesprächen, in Freundschaftsbriefen, in nächtlichen Gelagen nach platonischem Vorbild. Während die Medici den Künstlern und Architekten gegenüber gewissermaßen »von außen her« als großzügige Mäzene auftraten, waren sie an dem, was sich auf dem Gebiet der Philosophie entfaltete, »von innen her« engagiert. Der Tod Lorenzos des Prächtigen bedeutete, daß die Platonische Akademie ihre materielle Grundlage verlor und unterging (1492).

Hier soll nur von den beiden tragenden Denkern der Platonischen Akademie die Rede sein: Marsilio Ficino und Pico della Mirandola.

Für die viel zuwenig bekannte, eigenartige und schöne Philosophie des Ficino ist der Satz kennzeichnend: »Wahre Philosophie ist Religion. Wahre Religion ist Philosophie« (Epist. I). Ficino baut den Weg dorthin durch eine geniale Umdeutung und Anwendung des platonischen Systems als Denkhintergrund für das christliche Ethos des *amore*. In seiner »Theologia Platonica« (1474), deren Titel bezeichnend ist, gelingt es ihm nahezu bruchlos, den platonischen Begriff der unsterblichen Seele in das Licht der christlichen Geist-Vollmacht zu rücken: Die Seele ist der Wendepunkt des Alls, das Tor, durch das von oben das Licht, die Schönheit und die Liebe in die Materie einfließen können.

Freiheit des Menschen heißt, sich für die Öffnung nach oben entscheiden. Der aufs Irdische gerichtete Mensch liebt Gott in den Dingen. Der »umgewandte« Mensch liebt die Dinge, wie sie in Gott sind. Eine Denkweise, die in ihrer Durch-

Cristoforo Landino, Mitglied der Platonischen Akademie, schrieb einen umfangreichen Dante-Kommentar. Illustration in der Ausgabe von 1487

sichtigkeit und Religiosität an die Mystik Eckharts, an Kapitel bei Fichte oder Hegel erinnert.

Ficinos Schüler und Lorenzos des Prächtigen Freund, der junge Graf Pico della Mirandola, ist berühmt geworden durch seine Rede »Über die Würde des Menschen«, die das Anliegen der Platonischen Akademie glanzvoll zusammenfaßt. Jacob Burckhardt sieht darin »die höchsten Ahnungen« des Renaissance-Denkens angedeutet und nennt die Rede »eines der edelsten Vermächtnisse der Kulturepoche«.

Diese Rede ist einzigartig in der Schärfe, mit der sie die Aufgabe des Menschen beleuchtet. Der Mensch ist von allen anderen Geschöpfen unterschieden, er allein bestimmt, was er sein wird: er kann zum Tier entarten oder zu höherem Geist sich läutern. Der Mensch als einziges Wesen »hat eine Entwicklung, ein Wachsen nach freiem Willen«, nur im täglich neuen Entscheiden und Tun bleibt er sich treu.

Gläubigkeit wächst – so heißt es bei Pico della Mirandola – aus dem Horchen auf die beiden miteinander übereinstimmenden Stimmen: die Stimme von innen, das ist das Gewissen, die Stimme von außen, das ist das geordnete Weltall. (Das berühmte Wort Kants vom »gestirnten Himmel über mir« scheint hier vorweggenommen.) Da das echte Erkennen im Frieden, in der Übereinstimmung von innen und außen einmündet, kann die wahre Kirche nur die eine, geistige Kirche sein.

Florenz und die Medici

Ansicht von Florenz um 1490. Holzschnitt aus der Schedelschen Weltchronik, Nürnberg 1493

1 Der Aufstieg der Medici

Medico heißt Arzt, die Medici sind die Ärzte. Es handelt sich also ursprünglich – wenn das auch nicht mehr im einzelnen zu belegen ist – um eine Familie von Ärzten. Die Medici werden schon im 13. Jahrhundert als Patriziergeschlecht genannt.

Nur ein schmaler Zweig dieses weitgespannten Geschlechts ist dann als Bankierfamilie berühmt geworden. Die Bankiers, die den Namen Medici tragen, stammen offensichtlich nicht aus einer handwerklichen Mittelschicht, wie man das oft meint, sondern aus der führenden florentinischen Intelligenz.

Das Familienwappen der Medici findet man an vielen Gebäuden in Florenz und der ganzen Toscana. Das Wappen besteht ursprünglich aus acht, später aus sechs Kugeln. Die oberste Kugel trägt seit Piero dem Gichtischen die Lilie Frankreichs; eine Anerkennung der diplomatischen Fähigkeiten dieses Mannes. Oft sieht man das Wappen mit päpstlichen, herzoglichen und großherzoglichen Insignien verbunden.

Sechs rote Kugeln (italienisch *»Palle«*) im goldenen Feld – mit dem Ruf »Palle, Palle« begrüßte das florentinische Volk seinen Herrscher, und »Palle, Palle« war das Feldgeschrei, wenn es für die Medici in den Kampf zog.

Wir wissen nicht, wie alt die Bank der Medici war, als der Bankier Vieri di Cambio de' Medici ins Licht der Überlieferung trat.

Vieri di Cambio 1323–1395

Messer Vieri di Cambio – einer der wenigen Medici, die den verliehenen Rittertitel annahmen – ließ sich im Jahr 1348 in die Rolle der Bankierzunft von Florenz, »Arte del Cambio«, eintragen. Das ist der früheste sichere Beleg für die Existenz einer Medici-Bank.*

* Die Bedeutung Vieris für die Geschichte der Medici-Bank hat erst 1963 Roover (S. 35 ff.) aufgedeckt.

Die Firma »Vieri di Cambio de' Medici & Co.« war nicht nur eine Bank, sondern betrieb gleichzeitig andere Handelsgeschäfte. In den 45 Jahren seines Wirkens baute Messer Vieri beide Unternehmen Schritt für Schritt aus. Um 1385 hatte die Firma eine bedeutende Filiale in Venedig und Mitarbeiter an der dalmatinischen Küste. Schon seit 1370 ist die Medici-Bank als eine der führenden Banken von Florenz bekannt.

Wir kennen nicht die wechselvollen Schicksale Vieris, die dazu führten, daß er erst kurz vor seinem Tod eine Familie gründen konnte. Vieri war 62 Jahre alt, als sein erster Sohn zur Welt kam, und 67, als der zweite geboren wurde.

Offenbar scheint Vieri aber schon mit 70 Jahren das Nahen des Todes geahnt zu haben, denn er verkaufte die ganze Firma um 1392, und zwar an drei Neffen. So zerfiel das Unternehmen in drei Teile. Vieri ging es natürlich um die Sicherheit seiner noch sehr jungen Familie. Jeder der drei Neffen hatte das gesamte Aktiv- und Passivvermögen seines Anteils zu übernehmen.

Vieri starb schon drei Jahre später. Er hinterließ eine steinreiche Familie. Sein Lebenswerk aber war in die Hände der Neffen übergegangen.

Aus der Firma, die einer der Neffen, Giovanni, übernahm, ist die berühmte Medici-Bank geworden. Nur sie interessiert uns hier.

Giovanni di Bicci 1360–1428

(Abb. 15)

Giovanni di Bicci de' Medici, ein Neffe also des Messer Vieri, hat seinen Namen dem Brauch der Zeit gemäß von seinem Vater Averardo genannt Bicci († 1363).

Giovanni übernimmt im Alter von 25 Jahren die römische Niederlassung von Vieris Bank. Im nächsten Jahr wird er in die florentinische Zunft Arte del Cambio

In einer Bank in Florenz. Holzschnitt aus dem 15. Jh.

aufgenommen. Von 1392 an – das ist das Jahr, in dem sich Vieri zurückzieht – heißt die römische Filiale nur noch: »Giovanni de' Medici e compagni«. Fünf Jahre später kehrt Giovanni nach Florenz zurück und schlägt hier, in seiner Heimat, die Zentrale des Unternehmens auf.

Durch einen glücklichen Zufall sind uns die Geheimbücher *(libri segreti)* der Medici-Bank erhalten. Man hat sie erst 1950 in einem alten, falsch beschrifteten Bündel gefunden. Es handelt sich um eine lückenlose Kontoführung von der Gründung der Bank an bis zum 24. März 1451. Die Geheimbücher waren nur dem jeweiligen Besitzer der Bank persönlich zugänglich. Wir kennen durch diesen Zufall sogar das Gründungskapital der Firma genau, es sind 10 000 Florins, das mögen (die Schätzung ist nur ein grober Versuch) etwas über 150 000,– DM sein. Giovanni brachte selbst 5 500 Florins ein.

Die Bank hatte zunächst Pech. Giovannis Bemühung, in dem besonders wichtigen Umschlagplatz Venedig eine Filiale zu errichten, kostete ihn riesige Summen, denn sein dortiger Direktor verspekulierte sich im Geschäft mit deutschen und polnischen Kaufleuten und verheimlichte die Verluste durch falsche Buchungen. Er floh nach Krakau, wo er völlig verarmte. Bicci ließ ihm – trotz seiner Verfehlungen – Almosen zukommen.

Der folgenschwere Irrtum in der Wahl des venezianischen Direktors ist zweifellos nicht nur für Giovanni, sondern ebenso für seine Nachkommen eine stets warnende Erinnerung geblieben. Die richtige Person zu finden und sie an die richtige Stelle zu setzen – dieser heute wie damals entscheidenden Aufgabe widmeten die Medici von nun an die größte Umsicht und Sorgfalt.

Giovanni, der 1402 zum Prior der Arte del Cambio, 1421 zum Regenten (Gonfaloniere) der Stadt Florenz gewählt wurde, überließ schon mit 60 Jahren die Verantwortung für seine verschiedenen Firmen den Söhnen Cosimo und Lorenzo di Giovanni. Er starb 68jährig als der reichste Mann von Florenz – sein Urenkel Lorenzo der Prächtige behauptet, Giovanni habe ein Vermögen von 160 000 Golddukaten besessen, ein für jene Zeit unvorstellbarer Wert.

Wer war dieser Giovanni di Bicci?

Das Porträt überrascht durch die Bescheidenheit und fast bäuerliche Strenge der Erscheinung. Sammlung und Ruhe strahlten von diesem Gesicht aus. Sie sind begründet in einem ungemein sicheren Verstand. Die Züge eines nüchternen Humors stehen in merkwürdigem Gegensatz zu den melancholischen Augen.

Der erstaunliche Aufstieg der Medici-Bank hat seinen Grund in der Erfindungskraft und in der Disziplin, mit der sich Giovanni und sein Sohn Cosimo dem systematischen finanziellen Aufbau widmeten. Es gelang ihnen nicht nur durch straffe Koordination, sondern auch durch wirkungsvollen Gebrauch bekannter Methoden, aber auch durch schöpferische Reformen (Gründung von Holdinggesellschaften) ihre Firma zu einem optimal beweglichen und vielseitigen Instrument zu entwickeln.

Giovanni di Bicci hat sich in die Geschichte der Päpste mit einer kleinen, aber sehr eigenwilligen Chiffre eingetragen.

Das seit 1398 herrschende Schisma hatte das Ansehen und die Kraft der Kirche zutiefst zersetzt. Der untergründige Kampf Papst gegen Papst verschlang riesige Summen, zu deren Beschaffung sich eine rege Phantasie entfaltete: die Titel, unter welchen man immer neue Finanzquellen aufspürte, hießen Ablaß, Annaten, Devolution, Kommenden, Prävention, Reservation, Spolien usw. Der wundeste Punkt in dem kranken System war die sogenannte Simonie, die Käuflichkeit der kirchlichen Ämter.

Die Reformbewegung, von den neu aufblühenden Universitäten aus vorgetragen, gipfelte in den Konzilen zu Pisa und zu Konstanz, beide von dem bedeutenden Kanzler der Sorbonne, dem Mystiker Jean Gerson *(»devotio moderna«)*, geleitet.

In Pisa versuchte man 1409 die Spaltung zwischen Rom und Avignon durch die Wahl eines neuen, dritten Papstes, Alexander V., zu überwinden; ihm folgte ein Jahr darauf Johannes XXIII., der ein zum mindesten sehr bewegtes Leben hinter sich hatte. Dieser Johannes war einer der wichtigsten Kunden der Medici-Bank und auch persönlich mit Giovanni di Bicci befreundet.

Als es nicht gelingen wollte, die beiden anderen, gleichzeitigen Päpste zu entmachten, wurde das berühmte Konstanzer Konzil einberufen (der schlaue Johannes soll Konstanz mit den Worten »So fängt man die Füchse« betreten haben). Der mächtige Kongreß, ein Querschnitt durch die theologische und politische Intelligenz des Abendlandes, tagte mit renaissancehaftem Pomp vier Jahre lang; bekannteste Leistung: die ohne Rücksicht auf den garantierten Geleitschutz vollstreckte Verbrennung des Jan Hus (1415). Auf diesem Konzil versprach Johannes XXIII. – nicht ohne Berechnung – zurückzutreten unter der Bedingung, daß auch die beiden anderen Päpste abdankten. Er verrechnete sich: das Konzil wählte ihn nicht wieder, dem »Monstrum mit drei Häuptern«, das die Kirche war, wurden alle drei Köpfe abgehauen.

Johannes floh, als Stallknecht verkleidet, nach Schaffhausen, von ein paar Getreuen der Medici-Bank, vermutlich auch dem jungen Cosimo, begleitet. Aus seiner späteren Kerkerhaft in Hanau kaufte ihn Giovanni di Bicci mit 25 000 Dukaten los und rettete ihn auf Schleichwegen nach Florenz. Erst ein halbes Jahr vor seinem Tod warf sich Johannes dem rechtmäßigen Papst, Martin V., zu Füßen.

Den letzten Wunsch des Freundes, auf den Giovanni di Bicci so vergebliche Hoffnungen gesetzt hatte, die Errichtung eines kostbaren Grabmals, erfüllte er weit über die von dem »Papst« hinterlassenen Mittel hinaus. Er ließ von Donatello (mit Michelozzos Mitarbeit) ein prächtiges Mal im Baptisterium bauen und gab ihm die ketzerische Inschrift: *Ioannes quondam papa XXIII – Johannes XXIII., einst Papst.* Die Inschrift blieb, dem Protest der Kurie und des Papstes Martin V. zum Trotz, bis auf den heutigen Tag bestehen. Der junge Cosimo de' Medici soll die Auseinandersetzung beendet haben mit dem Argument *»quod scripsi scripsi«* (was ich geschrieben habe, habe ich geschrieben).

Den »geschändeten« Namen Johannes wagte fünf Jahrhunderte lang kein Papst mehr anzunehmen. Erst das Lebenswerk des genialen Roncalli, das vielleicht die Höhe unseres Jahrhunderts darstellt, hat den Namen Johannes XXIII., den Roncalli bewußt zu reinigen und zu erneuern unternahm, in ein anderes universal versöhnliches Licht gerückt.

Zurück zu Giovanni di Bicci. Seine eigentliche historische Bedeutung liegt darin, daß er der erste Mäzen des Hauses Medici war, und dies in bemerkenswertem Format.

Er hat damit die Tradition begründet, durch die der Name Medici überhaupt unvergeßlich wurde. Denn der Glanz und die geistige »Aura« dieses Namens rührt ja nicht von dem kaufmännischen Raffinement der *Bankiers* Medici her, sondern von der – damit oft im Widerstreit liegenden – Fähigkeit der *Menschen* Medici, zu *geben.*

Das Geben-Können – das sich von der Verschwendung nicht durch das Maß, sondern durch die genaue Sinngebung unterscheidet – konzentriert sich hier mit bewunderswerter Konsequenz auf das Pflegen, Fördern, Entfalten und Erhalten der schönen Künste. Das Wort »Medici« erfährt von hierher also seine eigene, tiefere Bestätigung. Man wird die Medici ohne Bedenken die größten Mäzene der Geschichte nennen können; natürlich kommt es hier nicht auf die Zahlen, sondern auf die Bewußtheit, Folgerichtigkeit und Treue des Handelns an.

Giovannis wertvollste Tat als Mäzen ist zweifellos die großangelegte Unterstützung der Pläne des Baumeisters und Entdeckers der perspektivischen Konstruktion, Filippo Brunelleschi. Er beauftragte Brunelleschi mit dem Bau der Alten Sakristei von San Lorenzo. Es war wahrscheinlich seinem Einfluß zuzuschreiben, daß Brunelleschi auch der Wiederaufbau der verfallenen Kirche übertragen wurde. Donatello schuf in Giovannis Auftrag einige der Außenfiguren von Or San Michele.

Der erstaunlich wache, genaue Geist dieses Mannes wird faßbar in den Worten, die er seinen Söhnen Cosimo und Lorenzo d. Ä. hinterließ: »Nichts in der Welt macht mich im Tode so vergnügt als die Erinnerung, nie jemanden beleidigt, sondern nach Vermögen jedem wohl getan zu haben. Dies ebenso zu tun mahne ich euch. Was der Mensch sich nimmt, nicht was ihm gegeben wird, macht ihn verhaßt... Tut nichts gegen die deutliche Strömung im Volk, stellt seinem Unverstand nicht besseres Wissen, sondern begütigende Rede entgegen. Laßt euch nicht mit geschäftiger Betriebsamkeit im Palast der Regierung erblicken, sondern wartet, bis man euch ruft. Greift nicht in Streitigkeiten ein, denn wer Gerechtigkeit hemmt, kommt durch Gerechtigkeit um. Sorget für meine Frau, eure Mutter, bewahrt ihr den Platz, den sie seither innegehabt hat.«

Machiavelli (1469–1527), der große zeitgenössische Historiker der florentinischen Geschichte, widmete Giovanni di Bicci folgenden Nachruf: »Er war barmherzig und gab nicht nur jedem Almosen, der darum bat, sondern unterstützte häufig, ohne gebeten zu werden, die Armen. Er liebte jedermann, lobte die Guten und hatte Mitleid mit den Bösen. Er liebte den Frieden und mied den Krieg. Er stand den Menschen im Unglück bei und half ihnen im Glück. Fern davon, den Staat zu berauben, war er des öffentlichen Vermögens Mehrer. Seine Erbschaft an Glücksgütern wie an Geistesgaben wurde von seinem Sohne Cosimo nicht allein erhalten, sondern vermehrt.«

Piccarda Bueri, die Gemahlin des Giovanni di Bicci

(Abb. 14)

Über das Leben und die Persönlichkeit der Piccarda Bueri schweigen sich unsere Quellen fast völlig aus. Es gibt nur ein paar Schlaglichter, die darauf fallen.

Nachweislich ist Piccarda aus einem der führenden florentinischen Patriziergeschlechter geboren. In die Ehe mit Giovanni brachte sie einen Brautschatz von 1500 Florins mit. Dieses Vermögen mag es Giovanni erlaubt haben, die römische Niederlassung der Firma seines Oheims Vieri ganz zu übernehmen. Piccarda hat ihrem Gemahl vier Kinder geboren, zwei starben im Kindesalter. Giovanni ließ von Brunelleschi das Findelhaus »Ospedale degli Innocenti« erbauen. Eine Tat, die den besonderen Beifall seiner Gemahlin fand.

Auf dem Porträt begegnet uns eine durchaus diesseitige, aber auch intellektuell begabte und stolze, wache Frau. In ihrer Zeit gaben sich die Florentiner sehr sittenstreng und verlangten von den Frauen ein Leben in puritanischer Einfachheit. Es war ihnen schon ein Dorn im Auge und zeugte von einem gefährlichen Hang zur Prunksucht, daß Giovanni di Bicci, der große Mäzen, alle Wände seines dunklen Palastes an der Piazza del Duomo mit leuchtenden Fresken ausmalen ließ, nicht nur um strebsame Künstler zu unterstützen, sondern auch um die Düsternis und Nüchternheit seines Hauses aufzuhellen. Die Paläste der damaligen Zeit waren kahl und unbehaglich, nur bei Festlichkeiten wurden Teppiche gelegt. Die Möbel waren steif und hart, die häusliche Atmosphäre unpersönlich. Das strenge Gesetz duldete wenig Eigenart und schrieb in allen Einzelheiten vor, was die Frauen tragen durften. Sie lebten in solcher Abgeschiedenheit, daß man heute kaum mehr über sie weiß, als daß sie ein nach der Vorschrift geführtes Dasein lebten als Hausfrau und Mutter. Wider die Unterdrückung der fraulichen Eigenart streitend, machten sie dem sittenstrengen Gesetzgeber aber das Leben schwer und kämpften um jedes Band an der Haube und um jeden Knopf an ihrem Kleid.

Erst in der nächsten Generation gelang es der Frau, die mittelalterliche Namenlosigkeit zu überwinden und die Freiheit der Individualität zu erobern.

2 Die Blüte der Medici

Giovanni di Bicci überließ, wie bemerkt, schon 1420 die Leitung seiner verschiedenen Firmen den beiden Söhnen Cosimo, damals 31 Jahre alt, und Lorenzo (d. Ä.), damals 25.

Vorweg zum jüngeren Sohn. Lorenzos glückliches Naturell war, daß er ohne Ehrgeiz, ohne politische Ambitionen, mit großer Treue und Toleranz seinem aktiveren Bruder Cosimo zu dienen vermochte: ein seltenes Bild des wesenhaften Einverständnisses. Lorenzo starb schon 55jährig. Der von ihm und seiner Gemahlin Ginevra Cavalcanti weiterführenden jüngeren Linie der Medici werden wir erst wesentlich später wieder begegnen (S. 115).

Cosimo der Alte 1389–1464

(Farbt. 22, 23; Abb. 16)

Giovannis älterer Sohn Cosimo, genannt *Il Vecchio* (der Alte), ist ohne Zweifel die profilierteste Erscheinung in der ganzen Geschichte der Medici. Daß ihm die Florentiner den außerordentlichen Ehrentitel »Vater des Vaterlandes« *(Pater patriae)* verliehen – ein Name, den einst, seit Augustus, die römischen Kaiser trugen –, ist kein Zufall. Daß man ihn, der sich ein schlichtes Begräbnis wünschte, vor dem Altar von San Lorenzo unter einer Säule beisetzte, die bis auf den Grund des Kirchenfundaments reicht (eine Ehrung, die keiner vor ihm, keiner nach ihm empfing), deutet auf den Ernst der Achtung, die ihm zugewachsen ist.

Wenn Egon Friedell die Köpfe der Medici charakterisiert: »... bis zur Häßlichkeit komplizierte Gesichter voll Hintergründen, ihr letztes Geheimnis nicht verratend« – so denkt er selbstverständlich auch an Cosimo. Die etwas breite Unterlippe, die überzogen lange Nase, die meist kummervollen Augen, der schon früh gekrümmte Nacken: dies alles kommt freilich keinem Schönheitsklischee entgegen.

Es ist eine ganz andere, verschlossene Schönheit. Die Schönheit einer ausgesprochen musischen Stirn, eines feinen, spirituellen Ohrs, eines zwar scharfen, aber ebenso gemüthaften Blicks, einer gedankenschweren Kopfhaltung, eines äußerst beweglichen und ausdrucksvollen Mienenspiels.

Cosimo war ein sehr gewitzigter Kaufmann. Aber er war darüber hinaus ein glänzender und schlagfertiger Redner, im Auftreten bescheiden, fast asketisch, stets großzügig und von verstehender Intelligenz, fähig zu raschem und immer verantwortungsvollem Handeln. Dabei ein erstaunlich gelehrter Mann, der das Latein besser beherrschte »als es einem Kaufmann zusteht«, zudem etwas Griechisch verstand und sich in der Bibel auskannte. In späteren Jahren zog sich Cosimo – als Kaufmann und Politiker stets im gefährlichen Kampf um Besitz und Macht – dennoch zuweilen in eine der Zellen des von ihm erneuerten Klosters San Marco zurück, um zu meditieren oder sich mit dem Prior, dem später heiliggesprochenen Antonio, in Gespräche über den Sinn des Lebens zu vertiefen. Machiavelli schreibt über Cosimo: »Er war ein seltener Mann in unserer Stadt, so bin ich genötigt, ihn auf eine außerordentliche Weise zu ehren. Cosimos Klugheit, seine Reichtümer, seine Lebensweise, sein Glück machten ihn bei den Bürgern von Florenz beliebt und gefürchtet und bei den Fürsten, nicht allein in Italien, sondern in ganz Europa, wunderbar geschätzt.«

Als Politiker stellte sich Cosimo entschiedener als sein Vater voll in den Dienst des demokratischen Gedankens – das bedeutet, wo es nötig war, auch gegen den besitzenden Adel.

Piazza San Marco im 18. Jh. Gegenüber dem Kloster lagen die hier überbauten Medici-Gärten

Hier muß eingeschaltet werden, daß sich Florenz zwar eine Republik nannte, daß aber die damals führende, im wesentlichen vom Adel gebildete und häufig einer einzigen ehrgeizigen Persönlichkeit hörige Oligarchie keine Mittel und Wege scheute, ihre Interessen durchzusetzen, sei es durch massivste Wahlfälschung, sei es durch Bestechung oder auch Mord.

Die sehr gescheite, vorsichtig-gerechte, stille, aber klar demokratische Wirksamkeit der einflußreichen Medici war dem Adel längst ein Ärgernis. Zu Giovanni di Biccis Lebzeiten – die Oligarchen hatten vor der ernsten, noblen Gestalt zu viel Respekt – war es nie zum offenen Bruch gekommen. Schon vier Jahre nach seinem Tod aber war die Gelegenheit günstig.

Die Junta der Oligarchen, diesmal ganz in der Hand des Rinaldo degli Albizzi, hatte mit dem kurzsichtig angezettelten, immens kostspieligen und am Ende mißlungenen Krieg gegen Lucca (1429–1433) ihr Ansehen aufs Spiel gesetzt. Das Volk – das den ausrückenden Soldaten wie immer enthusiastisch zugejubelt hatte – schüttete nun die ganze wütende Enttäuschung über Rinaldo und seine Partei aus. Man suchte nach einem neuen Pol des Vertrauens und der Sicherheit und projizierte alle Hoffnungen auf Cosimo, den von Rinaldo bestgehaßten Gegner.

Vorsichtig wie Cosimo war, versuchte er der gefährlichen Situation zunächst einfach auszuweichen und zog sich in sein Landhaus in den Mugello-Bergen zurück – eine Reaktion, die eine Menge über das Temperament dieses Mannes erzählen kann. Am 7. September 1433 beorderten die Oligarchen Cosimo in den Regierungspalast. Cosimo erschien, »mehr im Vertrauen auf seine Schuldlosigkeit als auf die Milde der Signoria bauend«, wie Machiavelli schreibt. Prompt wurde er gefangengenommen und in einer Turmzelle festgesetzt. Die Legende, Cosimo sei dem Vergiftungstod nur durch dreitägiges Fasten entronnen, wirft immerhin ein Licht auf die Sitten und Gebräuche.

Eine *balìa* – ein mit Macht ausgestattetes, gewähltes Gremium – verfügte nach dreiwöchiger Verhandlung, Cosimo sei, wie auch sein Bruder Lorenzo und einige weitere Mitglieder der Familie, für zehn Jahre aus Florenz zu verbannen.

In der Nacht zum 3. Oktober 1433 wurden die Gefangenen unter Bewachung an die Grenze gebracht. Cosimo ging nach Venedig, wo man ihn als bedeutenden Geist der Zeit und als seriösen Kaufmann schätzte und nicht wie einen Verbannten, sondern wie einen Ehrengast aufnahm.

Schon im nächsten Jahr kehrten die Medici wieder nach Florenz zurück. Rinaldo degli Albizis Unglück war, daß die Verfassung vorschrieb, daß alle zwei Monate neu gewählt werden mußte. Fünfmal wurde eine den Albizi gewogene Signoria gewählt, beim sechsten Mal schlug die Stimmung um. Die Niederlage brachte Rinaldo in eine solche Verzweiflung, daß er einen Bürgerkrieg vorbereitete. Das war sein Verderben.

Der Bürgerkrieg wurde durch das Eingreifen des Papstes Eugen IV. verhindert. Der erste Akt der neuen, medici-freundlichen Signoria war, die Medici heimzurufen; dafür wurde diesmal Rinaldo ins Exil geschickt.

Dem heimkehrenden Cosimo, der trotz seiner Verbannung allen seinen Bankverpflichtungen weiterhin korrekt nachgekommen war, schlug eine Welle der Sympathie entgegen. Auch in den sonst nüchternen Worten seiner »Ricordi« (Lebenserinnerungen) kann Cosimo den leisen Stolz darüber nicht verhehlen. Machiavelli erzählt: »Einer, der vom Sieg zurückkehrt, wird selten von einer solchen Volksmenge und mit solcher Zuneigung begrüßt wie Cosimo, der aus der Verbannung kam! Jeder rief ihm zu: Wohltäter des Volkes! Vater des Vaterlandes!« Mit dem Weg durch die Verbannung hat sich Cosimo erst eigentlich die Gunst des Volkes erobert. Er wurde 1434 für zwei Monate zum Gonfaloniere berufen und behielt dann inoffiziell die Führung über Florenz dreißig Jahre lang, bis zu seinem Tode.

Die besondere politische Kunst Cosimos war, daß es ihm gelang, souverän zu sein, ohne sich selbst in den Vordergrund zu stellen. Mit einem ungewöhnlichen Augenmaß für die Fähigkeiten seiner Partner verstand er, diese zu entfalten und in die Bahnen zu lenken, die er für richtig hielt. Obwohl man die sprichwörtliche florentinische Freiheit sehr lebendig erlebte, wurde doch keine Entscheidung ohne Cosimo getroffen. Nach dem Rat dieses – durch seine Bankerfahrungen und -beziehungen auch außenpolitisch kundigen – Mannes orientierte man sich in allen Situationen. Der außerordentliche Respekt, den seine Persönlichkeit einflößte, ließ keine Machtfrage aufkommen. Mit seinen finanziellen Möglichkeiten nahm er auf die politischen Vorgänge Einfluß – so etwa, indem er in Krisenzeiten die ihm nützlichen Staaten unterstützte und damit sich verpflichtete.

Cosimo machte seine Firma zum größten Bankunternehmen seiner Zeit. Filialen und korrespondierende Unternehmen überzogen als ein kluggebautes Netz das ganze Abendland, von London über Brügge, Trier und Basel bis Avignon.

Als Mäzen verfügte Cosimo über ein erstaunlich sicheres künstlerisches Urteil. Im Jahr 1444 begann er (zuvor war seine Wohnung der von Contessina Bardi, seiner Gemahlin, ererbte Palazzo Bardi) mit dem Bau des berühmten Palazzo Medici und wählte als Baumeister den genialen Michelozzo, der mit diesem seinem Hauptwerk die quasi kanonische Form des florentinischen Palastes überhaupt fand. Die überwältigend einfache und monumentale Rusticafassade – hier, im Palazzo Medici, von besonders edler Strenge – ist ein echtes Zeugnis jener Klarheit des Geistes und zugleich weltlichen Souveränität, die fast ein Jahrhundert lang die Herren dieses Palastes auszeichnet.

Zu den Mitarbeitern an dem Bauwerk gehört Donatello, der, nach antiken Kameen, die eindrucksvoll-schlichten Medaillons schuf, die sich über den Arkaden im Innenhof befinden. Donatellos für den Medici-Palast gearbeitete Bronze *Judith und Holofernes* steht heute vor dem Palazzo Vecchio, sein *Georg* und sein *David* sind im Bargello zu finden. Zweifellos ist zum mindesten die Judith-und-Holofernes-Gruppe ein von Cosimo de'Medici persönlich gegebener, mit einem genauen Sinn verbundener Auftrag. Es handelt sich um ein bildhaft eindringlich republikanisches »Erziehungsmittel«: so wie Judith jedes Mittel recht ist, Holofernes zu enthaupten, der den Ihren die Freiheit rauben will – so wird der Republikaner jeden Weg gehen, um den zu entmachten, der seine Freiheit bedroht. Cosimo ist es vermutlich, der unter die Plastik die schöne, aber auch schneidend scharfe Inschrift setzen ließ:

Königreiche fallen durch Luxus. Durch Strenge steigen Städte auf.
Sieh den Hochmut, gefällt von unscheinbarer Hand.

Donatello übrigens, dessen Begabung Cosimo früh erkannt hat, blieb dem Hause Medici durch drei Generationen hindurch verbunden. In Erfüllung seines letzten Wunsches erhielt er seine Grabstätte neben dem Grabmal seines Freundes und Gönners Cosimo in der Krypta von San Lorenzo.

Nachdem Cosimo – vor allem durch die Beziehungen, die sich auf den Konzilien von Konstanz und Basel ergaben – das Kapital der Firma Medici vervielfältigt hatte, konnte er es sich leisten, für einzelne Stiftungen an die Kirche Summen anzulegen, die seinem früheren Gesamtbesitz gleichkamen.

Trotz der umfassenden Beträge, die Cosimo stiftete, ist er (wie Machiavelli berichtet) der Meinung, daß er niemals so viel zur Ehre Gottes habe aufwenden können, »daß er ihn in seinen Büchern als Schuldner fände«. Cosimos Enkel, Lorenzo der Prächtige, schreibt: »Ich finde, daß wir vom Jahr 1434 bis heute große Summen ausgegeben haben ..., ich sehe eine unglaubliche Summe, denn sie beträgt 663755 Fiorini für Bauwerke, wohltätige Zwecke und Abgaben; ich will mich hierüber nicht betrüben. Denn wenn auch viele wünschen, sie hätten nur einen Teil davon im Beutel, so meine ich, es ist ein großer Ruhmestitel und eine gute Geldanlage und bin des außerordentlich zufrieden.«

Cosimo war zeit seines Lebens ein großzügiger Mann. Er war ein harter Herr mit einem weichen Herzen. Jeden lohnte er nach seinem Verdienst. Als ein tüchtiger und getreuer Angestellter starb, nahm er dessen Kinder in seinem Hause auf, wo sie erzogen wurden. Cosimo war ebenso bereit, Künstler zu fördern und zu unterhalten, wie er verschwenderisch war in seinen Wohltaten für die Bedürftigen. Auch half er ungefragt Freunden, die in Not geraten waren. Einen großen Teil seines Vermögens gab er für den Bau und Wiederaufbau von Kirchen und Klöstern.

Unter Cosimos Stiftungen an die Kirche ist am wertvollsten der Umbau des Klosters San Marco. Cosimos Architekt Michelozzo schuf den klaren Klosterhof und die berühmte, von Cosimo auf Wunsch seines Freundes Niccolò Niccoli gestiftete Klosterbibliothek. Von größter Bedeutung ist, daß Cosimo für die Bemalung der Innenräume den Dominikanermönch Fra Giovanni, genannt Angelico, aus einem ländlichen Kloster in Fiesole nach Florenz holte; sein Werk (1436–1445) »erleuchtet« das ganze Kloster mit jenem einzigartigen, begnadeten Licht, das etwas Paradieshaftes widerspiegelt – wie Vasari sagt: »Er wußte die Engel und die Heiligen so schön zu bilden, daß sie wahrhaft im Paradies zu sein schienen.«

Während unsere heutige Verbindung zu einem solchen Werk wohl in erster Linie die der ästhetischen Bewunderung ist, geht der Weg des damaligen Menschen sicher viel mehr durch die unmittelbare Ergriffenheit: Gerade Fra Angelicos Malerei vermittelt etwas von einer wahren religiösen Verheißung und Ruhe. Kennzeichnend für Cosimo de'Medici ist, daß er sich – wie schon berichtet – immer wieder von allem Getriebe zurückzog und in einer der von Fra Angelico ausgemalten Zellen dieses Klosters meditative Stunden verbrachte.

Dem um zwanzig Jahre jüngeren, anderen Mönch, Fra Filippo Lippi, hat Cosimo nicht nur durch Aufträge, sondern auch durch autoritatives Handeln freundschaftlich geholfen: Lippi – anders als der stille Fra Angelico, ewig vergnügt, ewig verliebt und ewig in Geldnot – hatte sich (selbst Prior) durch die glühende Liebe zu einer Nonne in eine schreckliche Situation hineinmanövriert; dank Cosimos Fürsprache wurde Lippi vom Ordensgelübde entbunden und durfte seine Geliebte heiraten, der wir in vielen seiner lyrischen, gegenüber Fra Angelico diesseitigeren, »zärtlichen« Werke wiederbegegnen.

Als Sammler legte Cosimo mit einer Reihe wertvoller Handschriften den Grundstock zu der Medici-Bibliothek (heute: Biblioteca Laurenziana), die er im Jahre 1444 gründete und die durch unschätzbare Sammlungen seiner Nachkommen Weltruhm erlangte. Für das an San Lorenzo angebaute Bibliotheksgebäude schuf Michelangelo die Innenräume und das großzügige klargegliederte Treppenhaus. Cosimo begründete die »Platonische Akademie«, die bald weitberühmt werden sollte.

Ein wichtiges Ereignis für Cosimo und die Medici-Bank war das Konzil von Florenz (1438), das der Stadt einen bedeutenden politischen, wirtschaftlichen und geistigen Aufschwung brachte. Papst Eugen IV. – vor den Intrigen der Familie seines Vorgängers nach Florenz geflohen – rief dieses Konzil zwar zunächst nach Ferrara ein; auf Cosimos Betreiben wurde es nach Florenz verlegt. Die materielle Basis für das ganze machtvolle Schauspiel schuf das Haus Medici – Cosimo und sein Bruder Lorenzo.

Den Anlaß zu der Versammlung hatte Byzanz gegeben, das in den letzten Zügen lag: die osmanischen Türken hatten den Balkan überflutet und standen vor den Toren der heiligen Stadt Konstantinopel. Kaiser Johannes VIII. Palaiologos und der Patriarch der orthodoxen Kirche, Josef II., flehten in höchster Not die abendländische Christenheit um Hilfe an, die ihnen in Florenz auch selbstverständlich versprochen, dann hingeschleppt und schließlich nie gegeben wurde. Als Symbol für diese plötzliche Union der feindlichen Brüder ist das (gemeinsame) florentinische Credo in die Kirchengeschichte eingegangen – freilich ein Symbol von allzu flüchtiger Lebensdauer.

Die von der römischen Christenheit im Stich gelassene byzantinische Kultur ging am 29. Mai 1453 unter; die äußerst grausamen Eroberer machten die Stadt, die das christliche Bollwerk gegen den Islam gewesen war, unter dem neuen Namen Istanbul zur Residenz ihrer Sultane.

Eindrücke aus dem glanzvollen Kongreß (auf dem der Papst die von Ghiberti geschaffene, von Gold und Edelsteinen leuchtende »Unionstiara« trug) hat später Fra Angelicos Schüler Benozzo Gozzoli in realistisch reichen, originellen Fresken aufgeschrieben. Unter dem verbindenden Gesamtthema *Zug der heiligen drei Könige* findet man hier immer wieder die sehr eigenwilligen Köpfe der Medici porträtiert (1459, Hauskapelle im Palazzo Medici).

In dem großzügig angelegten, für ein ganzes Geschlecht gebauten Palazzo Medici lebte Cosimos Familie mit Kindern und Kindeskindern zusammen. Cosimo gedachte die beiden komplizierten Ämter, die er in seiner Hand vereinigt hatte, das politische und das kommerzielle, zu verteilen auf die beiden Zweige seiner Familie. Für die Regierung der Stadt hatte er den – von Jugend auf gichtleidenden – älteren Sohn Piero ausersehen, der daher eine humanistische Erziehung, aber eine geringe kaufmännische Ausbildung genoß. Die Bank sollte der beweglichere und aggressivere jüngere Sohn Giovanni und seine Erben übernehmen.

Zwei schwere Schicksalsschläge trafen das Haus. Ein Enkel Cosimos, der einzige Sohn Giovannis, starb im Kindesalter. Giovanni selbst folgte ihm im Alter von 42 Jahren nach. Das sind die Schatten, die über Cosimos Lebensabend lagen. Der von schwerer Gicht geplagte alte Cosimo soll seine Bitternis einmal, als man ihn durch die weiten Räume seines prächtigen Palastes trug, in das Wort gepreßt haben: »Viel zu groß ist dieses Haus für eine so kleine Familie!«

Cosimo überlebte seinen Sohn Giovanni nur um ein Jahr, er starb am 1. 8. 1464. Die Säule in San Lorenzo, unter der Cosimo beigesetzt ist, trägt das Wappen der Medici und die Inschrift »Zum Gedächtnis seines Vaters von Piero«.

»Er war eine Leuchte an Klugheit, Ernst, Liebenswürdigkeit und von achtunggebietender Erscheinung. Unruhen, Verbannung und persönliche Lebensgefahr zerrissen seine frühen Jahre, aber sein unerschöpflicher Edelmut siegte über die Feinde und erhob ihn zu großem Ansehen beim Volke. Obgleich unendlich reich, blieb er in seiner Lebensführung doch schlicht und unauffällig. Niemand besaß so eingehende Kenntnisse über Regierungs- und Staatsangelegenheiten wie er. Dadurch vermochte er sich in einer so wankelmütigen Stadt 30 Jahre lang am Ruder zu halten.

Er war der geehrteste und berühmteste Bürger ohne Kriegsruhm, den nicht nur Florenz, sondern irgendeine Stadt, die wir kennen, je besaß. Denn nicht allein übertraf er alle seine Zeitgenossen an Macht und Reichtum, sondern eben so an Freigebigkeit und Klugheit. Oft hat er, ohne gefragt zu sein, geholfen, wo er von der Not eines Edelmanns hörte ... Sein unerschöpflicher Edelmut siegte über seine Feinde. Cosimos Klugheit und Lebensstil machten ihn bei den Florentinern beliebt und bei den Fürsten im ganzen Abendland wunderbar geachtet. Auf das, was er geschaffen bauend, erreichten seine Nachkommen, die so viel leisteten wie er, aber mehr Glück hatten, daß man sie in der ganzen Christenheit würdigte. Cosimo starb im höchsten Ruhm und mit dem größten Namen. Alle Bürger und alle Fürsten trauerten mit seinem Sohn Piero um ihn.« (Machiavelli).

Contessina Bardi, die Gemahlin Cosimos des Alten

(Abb. 17)

Im Jahre 1415 vermählte sich Cosimo mit Contessina Bardi. Ihr Name stammt von der historischen Contessa Mathilde von Tuscien, die einst auf der schmachvoll berühmten Burg Canossa residierte. Contessina stammte aus dem großen Bankiersgeschlecht der Bardi, das im frühen 14. Jahrhundert der Riese unter

1 Palazzo Vecchio, ein großartiges Beispiel für die Architektur mittelalterlicher Stadtpaläste. Im 16. Jh. verlegte ▷ Cosimo I. de'Medici in den Palast die Residenz

2 Blick auf Florenz vom Piazzale Michelangelo

3 Ponte Vecchio, die älteste Brücke über den Arno

4 Kirche San Miniato al Monte, 1063 fertiggestellt

5 Detail vom Südportal des Baptisteriums von Andrea Pisano (vgl. Abb. 40)

6 Gruppe über dem Südportal des Baptisteriums

7 Detail von der Seitenfassade des Domes

8 Medaillon von Andrea della Robbia am Findelhaus

9 Das Baptisterium (1059/1298 mit Marmor verkleidet) und der Campanile (1360), dessen Untergeschoß Giotto entworfen hat

10 Die Domkuppel von Brunelleschi (1420–34)

11 Kopie vom »David« des Michelangelo vor dem Palazzo Vecchio (vgl. Abb. 55)

12 Kreuzgang von San Lorenzo

13 Kirche San Lorenzo mit dem Denkmal des Giovanni delle Bande Nere von Baccio Bandinell ▷

RISTORAN
CAVALLIN
FIORENZA

15 Villen am Rande von Florenz

14 Reiterstandbild Cosimos I. auf der Piazza della Signoria von Giambologna (1594)

17 Toskanische Landschaft bei Florenz

16 Kloster Certosa di Galluzzo bei Florenz

19 Fra Angelico (1387–1455), »Beweinung Christi«, Museo di S. Marco

18 Giotto di Bondone (1266–1337), »Thronende Madonna zwischen Engeln und Heiligen«, Uffizien

20 Paolo Uccello (1396–1475), »Die Schlacht von San Romano«, Uffizien

22 Sandro Botticelli (1444–1510), »Die Anbetung der Könige«, Uffizien. Der vor dem Kind Kniende trägt die Züge Cosimos des Alten; im roten Mantel Piero il Gottoso, daneben, weiß, sein Bruder Giovanni; hinter ihnen, mit schwarzem Haar und Gewand Pieros Sohn Giuliano; links vorn der junge Lorenzo il Magnifico, als einziger mit Schwert (er hatte dem Vater bei einem Mordanschlag das Leben gerettet)

21 Benozzo Gozzoli (1420–1497), »Zug der Heiligen Drei Könige«, Fresko in der Hauskapelle des Palazzo Medici-Riccardi. Rechts auf dem weißen Pferd Lorenzo il Magnifico, auf dem Schimmel dahinter Piero il Gottoso; neben ihm in braunem Gewand Lorenzo d. Ä., zwischen beiden Giovanni, Pieros Bruder

23 Jacopo da Pontormo (1494–1556), »Bildnis Cosimos des Alten«, Uffizien

den florentinischen Bankiers war. Die Familie Bardi hatte ihren Rang durch riesige Verluste im Geschäft mit Eduard III. von England eingebüßt.

Hinter der eindrucksvollen Gestalt des Cosimo (Jacob Burckhardt: »ein Fürst«) tritt die Gattin sehr zurück. Ihre Erscheinung ist schlicht, fast unscheinbar. Es scheint, daß wir von dem Charme und der geistigen Eleganz der universal denkenden Medici bei ihr wenig finden. Ihrem Gatten war sie eine treue Gefährtin.

Piero der Gichtische *1416–1469*

(Farbt. 21, 22; Abb. 30)

Piero, im Volk genannt der Gichtische *(Il Gottoso)*, hat seinen Vater Cosimo den Alten nur um fünf Jahre überlebt. Durch seine fortschreitende Krankheit, die man heute als eine schmerzhafte Form der Arthritis diagnostiziert, war Piero so stark gehemmt, daß er in den letzten Jahren seines Lebens schon Lorenzo, seinen jungen Sohn, mit den Staatsgeschäften betraute. Eigentlich wirkte Piero also nur etwa drei Jahre im Amt. Und dieses Wirken stand zudem im Schatten seines großen Vaters.

Die Florentiner konnten daher das Format dieses Mannes nie recht ermessen – weder die Zeitgenossen noch die späteren florentinischen Geschichtsschreiber. Das ist ungerecht, denn Piero war als Geschäftsmann und als politischer Kopf, als souveräner Geist und als nobler Mensch gleichermaßen bedeutend.

Sein Kopf, der an die frühen römischen Köpfe erinnert, verrät eine überragend scharfe, disziplinierte Intelligenz, einen echten Ernst und eine männliche Verläßlichkeit.

Piero war nie Gonfaloniere, galt aber doch praktisch als der entscheidende Mann im Staat: Seit Cosimo war es eine Selbstverständlichkeit, daß die Signoria ihre Beschlüsse dem Haupt der Medici zur Begutachtung vorlegte. Piero, der durch sein Leiden zurückgezogen leben mußte, bewegten doch unermüdlich die Probleme der Republik. Sein Beitrag liegt vor allem im außenpolitischen Bereich: Piero war ein außerordentlich begabter und erfolgreicher Diplomat, der manchen Gegner zu seinem Freund zu machen verstand.

Den temperamentvollen Florentinern, die stets bereit waren, irgendwelche Konflikte mit blutiger Fehde auszutragen, rettete Pierro mehr als einmal den Frieden, geleitet durch den für sein ganzes Wirken charakteristischen Wahlspruch: »Nur der weiß zu siegen, der zu verzeihen weiß.«

Piero war ein leidenschaftlicher Sammler von seltenen Juwelen, Edelsteinen, schönen Gefäßen, Münzen, Medaillen und Büchern. Seine Bücher liebte er »wie einen Haufen Goldes« (so berichtet der Zeitgenosse Filarete). Die Medici-Bibliothek ist vor allem durch seine kundige Pflege- und Sammelarbeit an kostbaren mittelalterlichen Schriften reich geworden.

Zu den Künstlern, die Piero großzügig förderte, gehört in erster Linie Botticelli. Piero zog Botticelli in jungen Jahren heran; eins der reizvollsten Jugendwerke ist die Darstellung der Familie Medici in Anbetung der Madonna, gemalt zur Erinnerung an eine mutige, schnell entschlossene Tat des jungen Lorenzo (er allein trägt auf dem Bild ein Schwert), die den Vater bei einem gut vorbereiteten Überfall vor dem Tod rettete. In Pieros Namen entstanden auch *Das Magnificat* (Uffizien) mit den Bildnissen der beiden Söhne Pieros: Lorenzo, das Buch haltend, Giuliano, das Gesicht hell bestrahlt; und – der letzte Auftrag des sterbenden Piero – *Die Tapferkeit* (Uffizien).

Piero ist es, der auch den Maler Benozzo Gozzoli mit der oben erwähnten Ausmalung der Medici-Hauskapelle beauftragt hat. Im Bargello stehen die Büsten von Piero und seinem Bruder Giovanni, die Mino da Fiesole in Pieros Auftrag schuf.

Die Sicherheit der Bank geriet nach dem Tod Cosimos dadurch in Gefahr, daß der sechzehnjährige Krieg zwischen Venedig und dem Sultan eine allgemeine wirtschaftliche Krise heraufführte. Einige Filialen der Medici-Bank, die große Risiken eingegangen waren, mußte Piero auflösen; in seiner Sorge machte Piero möglicherweise den Fehler, zu große Krediterschwerungen einzuführen, wodurch er sich, wie Machiavelli berichtet, maßgebende florentinische Kaufleute zu Feinden machte. Pieros schärfster Gegner, Pitti, plante eine Verschwörung, die aber an der überragenden Diplomatie Pieros scheiterte. Die Hauptverschwörer wurden verbannt, Pitti zum Tode verurteilt – doch Piero begnadigte ihn und machte ihn sich zum Freunde.

Von Pieros klugem Taktieren während einer anderen typisch florentinischen Fehde erzählt sehr anschaulich Machiavelli: »Die Anführer der Parteien ließ Piero wissen, daß nicht, wer zuerst nach den Waffen greife, schuld sei an den Unruhen, sondern wer zuerst die Veranlassung gebe, sie zu ergreifen. Würden sie bedenken, wie sie sich betragen haben, so würden sie sich nicht darüber wundern, was er zu seiner Rettung getan habe, denn sie würden dann sehen, daß ihre nächtlichen Versammlungen, ihre gesammelten Unterschriften, ihre Kunstgriffe, ihm Vaterstadt und Leben zu rauben, ihn veranlaßt haben, sich zu bewaffnen. Daß er aber mit diesen Waffen nicht aus seinem Hause ausgerückt sei, dies sei ein deutlicher Beweis seiner Absicht, sich nur zu verteidigen und nicht andere anzugreifen. Er wünsche nichts und fordere nichts als Sicherheit und Ruhe für sich. Er hätte niemals gedacht geschweige denn geglaubt, daß die Freunde seines Vaters und die Seinigen nicht mit ihm zugleich in Florenz leben könnten. Er habe sich nie anders gezeigt denn als ein ruhiger und friedfertiger Mann.«

Ein diplomatischer Sieg, auf den Piero begreiflicherweise mit höchstem Stolz blickte, war die uneingeschränkte menschliche und politische Anerkennung, die ihm der französische König Ludwig XI., damals der mächtigste Souverän des Abendlandes, entgegenbrachte. In einem Diplom, das im März 1465 überreicht wurde, gestattete der französische Monarch den Medici, in ihrem Wappen (auf der obersten der sechs Kugeln) die französische Lilie zu führen.

Allerdings – wie Piero genau begriff – ein nicht ganz ungefährliches Symbol! Der sensible und kluge Ludwig XI. haßte zwar den Krieg. Aber wer konnte wissen, was nach ihm folgte? Die imperialistischen Tendenzen des neu gestärkten Frankreich lagen in der Luft. Erst nach dem Tode Lorenzos des Prächtigen, während Pieros Enkel, wiederum Piero (der Unglückliche), Florenz hätte führen sollen, brach die französische Katastrophe über Italien herein.

Piero, der die differenzierten Aufgaben und Krisen während seiner Amtszeit mit einer seltenen Güte und Verantwortlichkeit bestanden hatte, starb mit 53 Jahren, wegen der Lauterkeit seines Wesens betrauert, »an dem Leiden seines Leibes und an dem Kummer seines Geistes«. Er wurde in San Lorenzo im Grabmal seines Bruders Giovanni beigesetzt.

Machiavelli würdigt die Persönlichkeit Pieros mit folgenden Worten: »Er war ein guter Mensch, er haßte Gewalt und Verrat. Seine Güte, seine Vorzüge wurden in seinem Vaterlande nicht gebührend gewürdigt, weil die wenigen Jahre, um die er seinen Vater Cosimo überlebte, unter Bürgerzwist und stetem Leiden hingingen. Rasch und sicher unterdrückte er einen Aufstand ohne Gewaltanwendung, die er verabscheute, und vermochte aus Feinden Freunde zu machen.«

Lucrezia Tornabuoni, die Gemahlin Pieros des Gichtischen

(Abb. 29)

Pieros Gemahlin Lucrezia Tornabuoni erfüllt gewissermaßen alle Voraussetzungen, das altflorentinische Idealbild einer Frau zu verkörpern. Sie war nicht nur eine der geistreichsten Frauen ihrer Zeit, sondern auch eine ausgesprochen interessante Schönheit. Sie stammte aus einer sehr begüterten Bankiersfamilie, einem Adelsgeschlecht, das auf den Titel verzichtet hatte, um republikanische Ämter bekleiden zu können.

Kurz: Lucrezia war eine bemerkenswerte Frau. Erst mit ihr treten die Frauen der Medici an das Licht des geistigen Lebens.

Lucrezia – deren prachtvolle, stolze aber auch weichbewegte Züge Botticelli festgehalten hat – ist einerseits geradezu eine Art »Priesterin« (Schevill), sie überträgt die Bibel in Verse, sie schreibt Hymnen. Andererseits ist sie eine strenge Herrin und Mutter. Ihre fünf Kinder Maria, Bianca, Lucrezia, Lorenzo und Giuliano haben sie stets als ein Vorbild verehrt. Mit ihrer praktischen Vernunft war sie sowohl ihrem Gemahl Piero als auch später ihrem jugendlichen Sohn Lorenzo eine wichtige Ratgeberin.

Als Lucrezia dreizehn Jahre nach Piero starb, schrieb Lorenzo, dessen Aufstieg das Glück ihres Alters war, an einen Freund, er habe mit ihr die einzige Zuflucht seiner Sorgen verloren, sie sei ihm »allzeit Freund, Trost und Helfer gewesen und habe ihm viele seiner Lasten abgenommen«.

Giuliano di Piero, der Bruder Lorenzos des Prächtigen 1453–1478

(Farbt. 22; Abb. 36, 46)

Die beiden Söhne von Piero und Lucrezia, der ältere Lorenzo und der um vier Jahre jüngere Giuliano, sind eins der klassischen, eigenartig »strahlenden« Geschwisterpaare der Geschichte. Dem besonderen, fast unwirklichen Licht, das die beiden Brüder verbindet, entspricht die Tiefe des Schattens, der sie trennt – als Giuliano 25jährig ermordet wird. Hier ein paar Worte zu ihm.

Im Kontrast zu der sehr ausgefallenen und komplizierten Erscheinung des Lorenzo ist Giuliano ein Jüngling von außergewöhnlicher, antikisch vollendeter Schönheit in Gesicht und Gestalt. Er war der Liebling seiner Umgebung – in Ritterspielen und Kämpfen glänzend und kühn, im Musischen voller Phantasie, in den Staatsgeschäften, neben Lorenzo, dem er zur Seite stand, geschickt und wach.

Der feinste Zug seines Wesens ist das offene, absolut neidlose Zugehörigkeitsgefühl, die Verehrung und Hilfsbereitschaft gegenüber dem »macht-habenden« älteren Bruder Lorenzo: dies in der italienischen Renaissance, in der Intrige und Mord aus Eifersucht quasi »zur Ökonomie des Daseins gehören« (Friedell).

Wenn Machiavelli schreibt, daß der schmählich ermordete Giuliano »unter den Tränen aller Bürger« begraben worden sei, so wird man, beim florentinischen Temperament, nicht nur an Tränen der Trauer, sondern vor allem an Tränen des äußersten Zorns und der hemmungslosen Rachgier denken.

Giuliano, eine Persönlichkeit von selten liebenswerter Ausstrahlung, hinterließ ein eigenartig dämonisches Erbe. Sein einziger natürlicher Sohn war Giulio, später Papst Clemens VII., einer der gefährlichsten aller Päpste.

Lorenzo der Prächtige 1449–1492

(Farbt. 21, 22; Abb. 36, 42, 43, 45, 56)

Es ist üblich, Lorenzo als einen besonders häßlichen Mann zu sehen. Natürlich kommt es darauf an, von welcher Schönheitsformel man ausgeht. Hält man die Porträts des Jünglings, des reifen Mannes und die Totenmaske nebeneinander, so findet man einige zeitlose, wenn auch jenseits der oberflächlichen Schönheitsbegriffe liegende, eindrucksvolle Züge: eine ins Schwermütige gehende Tiefe des Gefühls, einen äußerst beweglichen, konzentrationsfähigen Verstand und (auf den beiden späteren Porträts) eine gewisse herrische, ins Ungestüme gehende Großzügigkeit. Alles Züge einer wesenhaften Schönheit und Bedeutung.

Die letztere Nuance, das Ungeduldig-Großartige, hat ihm vermutlich den Namen *Il Magnifico* (der Prächtige, Großartige, Herrliche, auch: der Prachtliebende) eingetragen, ein Name, aus dem man Bewunderung, aber auch eine ganz bestimmte, leise Schärfe heraushören kann.

Schon im Alter von 16 Jahren vertrat Lorenzo seinen schwerleidenden Vater Piero in den Regierungsgeschäften mit einem für sein Alter erstaunlichen Weitblick. Als Lorenzo 20 Jahre alt war, lag schon die ganze Verantwortung auf seinen Schultern. »Im Erörtern der Dinge war er beredt und scharfsinnig, im Beschließen weise, in der Ausführung rasch und mutig«, schreibt Machiavelli. Von Anfang an verstand es Lorenzo, die Autorität mit der für die Florentiner einzig gültigen demokratischen Regierungsform zu verbinden.

In den ersten Jahren seiner Regierung widmete sich Lorenzo – trotz der Intensität seines politischen Tuns – in breitem Stil dem Glanz und der Lust des Daseins. Im Gegensatz zu Vater und Großvater hatten er und sein Bruder Giuliano große Freude am kulinarischen Leben, das aber nicht als blendendes Spiel der Medici-Familie, sondern als Fest des Volkes entfaltet wurde. Eine Fülle von Turnieren, Konzerten, Maskenfesten, sportlichen Treffen, Feuerwerksspielen und Fackelzügen zauberten die Illusion antikischer Schicksallosigkeit in die poli-

Titelblatt zu Lorenzos ›Canzone per andare in Maschera‹ (1493–97)

tisch und wirtschaftlich bedrängte Zeit. Lorenzo hat »nicht, wie man glauben möchte, durch die fürstengleiche Stellung, sondern durch das außerordentliche Naturell seine Umgebung vollständig beherrscht«, wie Jacob Burckhardt bemerkt.

Unvermeidlich, daß der ausschließlich humanistisch gebildete, idealistische Lorenzo – der als Diplomat weniger durch berechnendes als durch edles Denken immer wieder erstaunlich erfolgreich war – für die kleinen kaufmännischen Details wenig Sinn hatte.

Cosimo hatte seine Manager in fester Hand, seine Nachfolger lockerten den Griff. Nach einer kontinuierlichen Expansion (1397–1464) begann nun der schrittweise Abstieg der Medici-Bank, verursacht durch mangelnde Koordination, strukturelle Schwäche und überdies durch den allgemeinen wirtschaftlichen Rückschlag in der zweiten Hälfte des 15. Jahrhunderts. Dazu Machiavelli: »In seinen Privatangelegenheiten war Lorenzo, was die Handelsgeschäfte betrifft, sehr unglücklich, denn durch die Unordnung seiner Geschäftsführer, die nicht als Privatpersonen, sondern als Fürsten seine Geschäfte verwalteten, ward an vielen Orten ein großer Teil seines Vermögens zersplittert, so daß er eingestand, daß sein Vaterland ihn mit einer großen Summe Geldes unterstützt habe.«

Die Lebenszeit Lorenzos des Prächtigen gehört dennoch fraglos zur Gipfelhöhe der Geschichte der Medici. Denn das überzeitliche Gewicht der Medici liegt ja, wie betont, in ihrer musisch-geistigen Wirksamkeit, in ihrer Bedeutung als Künstler, Mäzene und, vor allem anderen, als Menschen.

Als wäre es ein Gesetz, daß die hellste Blüte die tödlichste Gefahr anzieht, bricht über das begnadete brüderliche Paar Lorenzo und Giuliano die Tragik herein.

In Rom herrscht seit 1471 »der schreckliche Sixtus IV.« (Burckhardt), ein Papst, dessen radikale Habsucht in ihrer skrupellosen Folgerichtigkeit fast Bewunderung erweckt. So wie er selbst sein Amt mit Geld gekauft hat, so gibt es überhaupt kirchliche Ämter, Gnaden und Bewilligungen nur noch gegen Geld – oder für die Verwandtschaft des Papstes (Nepotismus). Ein Kardinalshut beispielsweise kostet schlichte 30 000 Goldgulden.

Sixtus, rein totalitär denkend, erblickt in der finanziell geschwächten Situation der Medici-Bank die Chance, sich auch die Kontrolle über Florenz zu sichern. Aspirant auf die florentinische Macht ist der phantastisch intrigant begabte Girolamo Riario, Neffe und Liebkind des Papstes, eigentlich Gewürzhändler.

Die größten innerflorentinischen Rivalen der Medici, die Pazzi, werden leicht gewonnen, indem man das unermeßliche päpstliche Bankkonto von der Medici-Bank auf die Pazzi-Bank überträgt – zugleich ein Tiefschlag für die Medici.

Girolamo denkt, von dem jungen Florentiner Bankier Francesco Pazzi assistiert, die christliche Verbrecherarbeit mit großer Präzision zu Ende. Zunächst lassen sich die Verschwörer von dem ahnungslosen Lorenzo auf seiner Villa in Fiesole einladen. Der geplante Mord muß aber verschoben werden, da Giuliano vom Mahl fernbleibt. Der neue Plan Girolamos ist ein Werk von geradezu weltgeschichtlicher Symbolkraft. Der Mord an Lorenzo und Giuliano soll im Dom Santa Maria del Fiore geschehen, und zwar während des sonntäglichen Hochamts, genau während der heiligsten zentralen Handlung des Priesters. Das vereinbarte Signal für den Mord ist der Moment, da der Priester die Hostie feierlich erhebt.

Während der florentinische Erzbischof das Verbrechen stützt, ist Papst Sixtus Christ und Diplomat genug, die Mörder mit dem zwielichtigen Hinweis zu beraten: Die Medici, ein Greuel vor Gott und den Menschen, müssen ausgetilgt werden, den Mord könne der Papst jedoch nicht heilig nennen. Selbstverständlich ist das die indirekte Bestätigung.

Am 26. April 1478, in der Sekunde, da die Meßglocke erklingt und der Priester die Hostie hochhebt, fallen die Mörder vor dem Altar über Lorenzo und Giuliano her. Giuliano verblutet, von 29 Wunden geschlagen. Lorenzo entkommt, nur am Hals getroffen, in die Sakristei. Eine wilde Volksjustiz richtet die Verschwörer. Kurzerhand hängt man den Erzbischof und den jungen Pazzi aus den Fenstern des Palazzo Vecchio ins Freie. Der gedungene (einzig mutige) Mörder selbst, Bernardo Bandini, entkommt nach Konstantinopel – durch den Namen Medici bewogen, wird er vom Sultan ausgeliefert und findet zwei Jahre später den gleichen Fenstertod.

Das aufwühlende Ereignis verschaffte den Medici beim florentinischen Volk mehr Boden als je zuvor. Um Giuliano trugen die jungen Männer von Florenz monatelang Trauerkleider. Zu Lorenzos Schutz stellte das Volk eine freiwillige Leibwache mit der Erklärung: »Die Stadt verdanke so viel ihm und den Seinigen, daß er guten Mutes sein solle. Mit derselben Bereitwilligkeit, mit der sie den Tod seines Bruders gerächt und ihm Ansehen und Regierung erhalten hätten, würden sie für ihn einstehen, und nicht eher solle er diese verlieren, als sie das Vaterland verlören.

In dieser Zeit der Not gab es keinen Bürger, der nicht in Lorenzos Haus gekommen wäre, jeder bot ihm Leben und Vermögen an, so groß war das Glück und die Gunst, die sich dieses Haus durch Klugheit und Freigebigkeit erworben hatte.« (Machiavelli.)

Es ist zu vermuten, daß es dieses tragische Erlebnis vom Tode des Bruders war, was dem jungen Lorenzo das Gewicht gab, sich mit großem Ernst dem philosophischen Anliegen zu widmen.

Die Bedeutung Lorenzos liegt – das wird selten gesehen – in allererster Linie im philosophischen Bereich. Lorenzo war ja alles andere als ein philosophischer Dilettant. Es wäre auch ein Irrtum zu meinen, das Philosophieren sei im damaligen Florenz nicht mehr als eine Art Mode gewesen. Der Stil, in dem sich Lorenzo der Prächtige der Philosophie verschrieb, hat verbindlichen Charakter. Verbindlich sowohl was den persönlichen Umgang mit den florentinischen Philosophen angeht als auch was die Intensität betrifft, mit der er sich an den philosophischen Inhalten orientiert.

Die Verbindung Lorenzos zu den Denkern der »Platonischen Akademie« geht über ein großzügiges Mäzenatentum weit hinaus. Die Freundschaftsbeteuerungen von der Hand der Philosophen gegenüber Lorenzo könnte man kritisch werten, denn sie sind an den Gönner gerichtet. Unbedingt echt ist das Zeugnis aber, wenn es aus der Feder Lorenzos stammt: *»Nihil tam perfectum, tam constans, tam verum videbatur quam nostra amicitia«*, schreibt Lorenzo an Marsilio Ficino, das Haupt der Akademie (nichts scheint mir so vollendet, so konstant, so wahrhaftig zu sein wie unsere Freundschaft). Das ist ein Bekenntnis nicht nur zu der Persönlichkeit des Freundes, sondern ebenso zu dem Adel des Denkens, das die Freundschaft trägt.

Die wesenhafte Verbindlichkeit des Philosophierens findet ihren Ausdruck in Lorenzos dichterischem Werk. Lorenzo hat kein philosophisches System aufgestellt, keine strenge philosophische Prosa geschrieben. Er übersetzt seine Philosophie – ein durchaus platonischer Zug – in Poesie. Daß der gedankliche Hintergrund, aus dem Lorenzo schöpft, mit großer Gewissenhaftigkeit erarbeitet ist, dafür steht Ficino ein, wenn er bezeugt, Lorenzo habe »alle Tiefen des Platonismus durchforscht«.

Sicher sieht Jacob Burckhardt die Proportionen richtig, wenn er von Lorenzos dichterischem Schaffen sagt, »daß von allen Lichtstrahlen, in die Lorenzos Persönlichkeit auseinanderging, gerade dieser der mächtigste heißen darf«.

Die Dichtung Lorenzos hat ihre eigenständige Bedeutung weniger in der durchaus gekonnten lyrischen Gestalt als in dem dahinter sich eröffnenden außerordentlich weiten, großatmigen gedanklichen Horizont.

Drei geistige Strömungen fließen in Lorenzos Dichtung zusammen: die lichte Wärme des platonischen Denkens, die kräftig diesseitig leuchtende Farbe des florentinischen *amore* und der stille Ernst einer christlich-mystischen Kontemplation.

Illustration zu einer Dichtung Lorenzos des Prächtigen. Holzschnitt des 15. Jh.

Die Liebe als eine göttliche, als die erlösende Kraft wird transzendent gesehen und zelebriert. Der poetische Kult um die Dame Lucrezia Donati ist ein rein innerliches Mysterium: So wie Dante nie aufhört, seine Beatrice, die er als neunjähriger Knabe gesehen, zu verehren und hymnisch zu feiern, wie Petrarca seine

Laura im Unsichtbaren, im Gedicht liebt, so ist auch Lucrezia Donati die Geliebte des Dichters, nicht des Mannes Lorenzo.

Lorenzos spirituell »durchleuchtende« Visionen des Kosmischen, gedanklich stets im platonischen Stil nachvollziehbar, haben hohen philosophischen Gehalt:

Erkennend zieht in einem Lichtgedanken
Die Seele Gott den Ewigen zusammen,
Begrenzend ihn in ihre eignen Schranken,
Und liebend wird er unermeßlich weit,
Gibt selbst sich dem Unendlichen dahin
Und hat in ihm die wahre Seligkeit.

Alteracione 5, 17/18 (übersetzt von Carrière)

Neben dem poetisch-philosophischen Werk Lorenzos spielen die oft zitierten, flüchtig hingeschriebenen Gelegenheitsgedichte (wie Karnevalslieder usw.) eine sehr untergeordnete Rolle.

Als Mäzen ist Lorenzo vor allem durch die – heute überbauten – mediceischen Gärten bei San Marco berühmt geworden. Gregorovius schreibt darüber (1853): »Zur Zeit Lorenzos stand in der Gegend von San Marco jener Garten der Medici, in welchem sich die erste Sammlung von Antiken befand, unter der Aufsicht des alten Bildhauers Bertoldo. Dort versammelten sich die hervorragendsten Talente von Florenz und alles, was in Künsten oder Wissenschaften aufstrebte oder bereits groß war und die Gunst Lorenzos genoß. Wie die Maler in die Kapelle Brancacci gingen, um nach Masaccios Fresken zeichnen zu lernen, so kamen die Bildhauer in den Garten Medici, um die Antiken zu studieren . . .«

Eines unter den jungen Talenten war Michelangelo. Lorenzo hat an einer kleinen Arbeit des Fünfzehnjährigen die Begabung erkannt und ihn in sein Haus gezogen. Am Tisch der Medici war Michelangelo aufgenommen, bis die Gastgeber unter Piero dem Unglücklichen aus Florenz fliehen mußten.

Unter den Künstlern, die Lorenzo durch umfangreichere Aufträge förderte, ragen Verrocchio, Ghirlandaio und Botticelli besonders hervor.

Andrea del Verrocchio, der Lehrer Leonardos und – nach Donatello – der bedeutendste florentinische Bildhauer, schuf die mit einer rokokohaft feinen Ornamentik überzogenen Grabmäler Pieros des Gichtischen und seines Bruders Giovanni aus Bronze und Marmor, eingefügt in eine Nische der Alten Sakristei von San Lorenzo. Im Jahr 1475 bildete Verrocchio für die Villa di Careggi die zauberhafte Brunnenfigur des Putto mit dem Delphin, ein sprudelnd bewegter kleiner Genius, wie aus Wasser und Luft entstanden. Fast 100 Jahre später ließ

Großherzog Cosimo I. de'Medici die Brunnenfigur in den Palazzo Vecchio überführen, wo sie heute noch steht.

Domenico Ghirlandaio malte im Auftrag Francesco Sassettis sechs große Fresken aus der *Franziskuslegende* (1483–1485) mit Porträts von Lorenzo, seinen Söhnen und seinen Freunden (in der Kirche Santa Trinità). Von Ghirlandaio stammt auch in Santa Maria Novella das mächtige Fresko der *Geburt Mariens* mit den Bildnissen der Lucrezia und der Clarissa de' Medici.

Sandro Botticelli war persönlich mit dem fünf Jahre jüngeren Lorenzo befreundet. *Der Frühling* und *Die Geburt der Venus* aus der Medici-Villa in Castello (beide heute in den Uffizien) entstanden jedoch im Auftrage des Lorenzo Popolano di Pierfrancesco, eines Cousins des Prächtigen aus der Nebenlinie.

Botticellis Venus trägt die Züge jener damals »schönsten und liebreizendsten Frau von Florenz«, der 16jährigen Simonetta Vespucci. Von Simonetta und dem jungen Giuliano de' Medici erzählt man sich wie von einem engelgleichen, klassischen Paar (Simonetta starb 18jährig an der Schwindsucht, Giuliano war 25, als er ermordet wurde). Die Gestalten von Simonetta und Giuliano kehren in vielen allegorischen Darstellungen Botticellis wieder.

Um Lorenzos politisches Geschick zu charakterisieren, genügt ein Beispiel, das berühmteste: Nach dem mißlungenen Putsch auf die Brüder Medici im Dom setzte der Papst zunächst die üblichen Druckmittel an: Lorenzo wurde exkommuniziert, der Stadt Florenz wurde das Interdikt angedroht (das Verbot der kirchlichen Amtshandlungen). Als sich Florenz um das Ultimatum nicht kümmerte, ging der Papst zum Krieg über – gestützt durch den König Ferdinando von Neapel. Lorenzo hatte zwar die Florentiner bedingungslos für sich und zudem Mailand und Venedig auf seiner Seite. Die päpstlichen und die neapolitanischen Söldnertruppen waren jedoch weit überlegen und rückten bis knapp vor die Tore von Florenz vor.

Lorenzo, die aussichtslose Lage erkennend, versuchte zunächst über Mailand Kontakte mit Neapel anzuspinnen. Nach dem ersten, ganz offenlassenden Wink, man sei zu Verhandlungen bereit (zu schnelles Wachstum der päpstlichen Macht sah keiner gern), riskierte Lorenzo seine berühmte Fahrt ins Herz des feindlichen Lagers. Als in der Morgendämmerung der ersten Dezembertage 1479 die Florentiner von seiner heimlichen Reise nach Neapel vernahmen, war man über diese Tat, die alle Züge einer Selbstaufopferung zu tragen schien, allgemein erschüttert (immerhin ging er tatsächlich ohne jede konkrete Sicherheit).

Und als Lorenzo nach zweimonatigen zähen Verhandlungen, die er mit allen Mitteln seiner Persönlichkeit, seiner Redekunst und seines Charmes führte, mit einem zwar nicht stolzen, aber sicheren Frieden heimkehrte, wurde er in Florenz enthusiastisch gefeiert. »War Lorenzo schon als ein Großer abgereist, so kehrte er als ein noch viel Größerer heim und wurde von den Florentinern mit einer solchen Freude empfangen, wie es seine außerordentlichen Qualitäten und seine neuen Dienste verdienten: sein eigenes Leben hatte er aufs Spiel gesetzt, um dem Vaterland den Frieden wiederzugeben« (Machiavelli). Den am 25. März 1480 geschlossenen Friedensvertrag unterzeichnete nun auch Papst Sixtus.

Gegen Ende seines Lebens erwuchs Lorenzo ein gefährlicher Feind in seinen eigenen Mauern: Girolamo Savonarola.

Savonarola, der redegewandte Bußprediger, distanzierte sich von dem platonisch-universell orientierten »Heiden« Lorenzo mit demonstrativer Geste. Die Geste, nicht ihr Inhalt, trug ihm Beifall ein. Es ist kennzeichnend für das bis zuletzt weitsichtige politische Denken Lorenzos, daß er unmittelbar vor seinem Tod – er starb 43jährig am 8. April 1492 – den Mönch, der ihm zutiefst wesensfremd war, an sein Bett rief und sich mit ihm auszusöhnen versuchte.

Etwas Mysteriöses hat Lorenzos Sterben. Ein Magenleiden verursachte ihm grausame Schmerzen. Zur Linderung gab man ihm ein Pulver aus gemahlenen Perlen und Diamanten, ein ebenso wertvolles wie tödliches Mittel. Lorenzo wurde in der Alten Sakristei in San Lorenzo bestattet. Fünfundsiebzig Jahre später wurde er mit seinem Bruder Giuliano in die von Michelangelo fertiggestellte Neue Sakristei übergeführt und dort mit ihm zusammen beigesetzt (siehe Inschrift unter den Statuen der Madonna und der beiden Heiligen).

In Machiavellis Nachruf heißt es: »Nie starb in Italien ein Mensch mit dem Ruf so großer Klugheit noch zu so großer Betrübnis seines Vaterlandes. Alle seine Mitbürger klagten über seinen Tod, keiner unterließ es, seine Trauer über dieses Ereignis zu bezeugen.«

Hier noch einige Worte zu dem Landhaus, das sich Lorenzo als seinen Lieblingssitz baute: die Villa Poggio a Caiano.

Lorenzo erwarb die kleine Festung, die ursprünglich an der Stelle stand, im Jahre 1480 und ließ von Giuliano da Sangallo die Villa bauen, die als eine der ersten durch Terrassen und breitgeschwungene Treppen mit dem Park verschmolzen war. In Lorenzos Gedicht »Ambra« beschreibt er die Entstehung der Villa im Duft eines herrlichen Frühlings. Zu Lorenzos Zeit erfüllte das Landhaus eine Atmosphäre der Heiterkeit und geistigen Beschwingtheit. Ein erlesener, vielseitiger und geistig beweglicher Kreis von Freunden kam an der Tafel dieses Hauses zusammen.

Spätere Generationen der Medici trugen dazu bei, der Villa neuen Zauber zu geben: Maler wie Andrea del Sarto, Jacopo da Pontormo und Alessandro Allori schmückten ihre Wände mit Fresken aus der römischen Geschichte – stets mit Bezug auf die Medici – und belebten die Räume mit reizvollen dekorativen Malereien. Filippino Lippi schuf das Fresko *Der Tod des Laokoon*, von dem nur noch Fragmente erhalten sind.

Nicht immer freilich blieb die Atmosphäre von Poggio a Caiano so unbeschwert und heiter. Spätere Zeiten bargen im Glanz vielfältiger Festfreuden trübe und grausige Schicksale.

Ohne Vorahnung der Leiden kommender Jahre wurde hier Eleonora von Toledo von ihrem Verlobten Cosimo de' Medici, dem späteren ersten Großherzog von Toscana, prunkvoll empfangen.

Auch Caterina de' Medici, die Urenkelin Lorenzos des Prächtigen, übernachtete im September 1533 in Poggio a Caiano auf ihrer Reise nach Frankreich, um sich mit dem Thronfolger, dem Sohne Franz' I., von Frankreich zu vermählen. Sie nahm damit die schwere Bürde einer ungeliebten Gattin und verhaßten Königin auf sich; Bitternis in der Ehe, Enttäuschung über ihre unfähigen, kränklichen und absonderlichen Söhne, Blut und Mord in ihrer Regierungszeit erwuchsen ihr daraus. In der Villa hängt heute noch ein Jugendbildnis von ihr; sie ist nicht schön, aber anziehend mit ihrem damals noch blonden Haar, das sie als Königin schwarz färben mußte, den dunklen Mediciaugen und der klugen Stirn.

Im Jahre 1587 starben unter geheimnisvollen, nie geklärten Umständen in der Villa Francesco, der Sohn Cosimos I., und seine Gattin Bianca Cappello bei einem Versöhnungsmahl, zu dem Francesco seinen Bruder Ferdinando geladen hatte, an Gift. Ferdinando hatte Bianca stets mit unversöhnlichem Haß verfolgt, weil sie noch zu Lebzeiten von Francescos vernachlässigter erster Gattin, Erzherzogin Johanna von Österreich, dessen Geliebte war. Als Großherzog von Toscana folgte Ferdinando seinem Bruder auf dem Thron.

1674 schließlich diente Poggio a Caiano der einst so lebenslustigen Großherzogin Margarete Louise von Orléans als Zuflucht vor ihrem Gatten, dem ebenso grausamen wie bigotten Psychopathen Cosimo III. de' Medici, mit deren beider Sohn, Gian Gastone, 1737 die männliche Linie des Geschlechtes erlischt.

Clarissa Orsini, die Gemahlin Lorenzos des Prächtigen 1453–1487

(Abb. 44)

Nicht Lorenzo selbst, sondern seine sehr bestimmende Mutter Lucrezia hat ihm die Frau auserkoren: die engstirnige und stolze Tochter aus dem glänzenden römischen Adelsgeschlecht der Orsini.

Lorenzo war zwanzig, die kleine Clarissa knapp sechzehn Jahre, als man in Rom die Trauung vollzog. Kein Wunder, wenn Lorenzo später bemerkt: »Man hat mir Clarissa gegeben« *(mi fu data)*. Übrigens war der Bräutigam bei der Trauung selber gar nicht anwesend – vor dem Altar stand, einer seltsamen Sitte folgend, ein Verwandter, der Erzbischof von Pisa, als sein Stellvertreter.

Der grandiose Prunk, mit dem die kulinarische Seite des Hochzeitsfestes dann in Florenz gefeiert wurde (allein für Süßigkeiten gab man 100 000 Gulden aus, so staunt ein Zeitgenosse), konnte an der Diskrepanz zwischen den Partnern nichts ändern: auf der einen Seite der weiträumig denkende, humanistisch gebildete Lorenzo, auf der anderen die streng katholische, allzu rangbewußte und hochfahrende Clarissa. So treu und pflichtbewußt sie ihre Ehe zweifellos erfüllte (Lorenzo betont das in seinen Aufzeichnungen sehr), so scheiterte die Verständigung doch gerade an den Dingen, die ihm besonders am Herzen lagen, wie der Liebe zur Antike und der republikanischen Überzeugung.

Ihr Leben lang kämpfte die gestrenge Römerin einen frommen und erfolglosen Kampf gegen Lorenzos »heidnisches« Griechentum und versuchte, wenigstens ihre Kinder vor dem sündigen Einfluß zu schützen. Lorenzos großherzig-selbstverständliche Art dem Volk gegenüber konnte sie nie begreifen.

Die Lebensart der Orsini lief den Ansichten der Medici so zuwider, daß diese Verbindung nicht zum Segen gereichen konnte. Der Sohn Piero mußte den von seiner Mutter Clarissa überkommenen Dünkel schwer büßen – er sollte dazu beitragen, das Haus Medici zu stürzen.

Clarissa war Mutter von sieben Kindern, als sie mit 34 Jahren während eines Erholungsaufenthaltes auf dem Lande starb. Lorenzo wußte nicht einmal, daß sie krank gewesen war, als er die Nachricht von ihrem Tode erhielt.

Exkurs

Girolamo Savonarola *1452–1498*

(Abb. 57)

Hier muß jenes Magiers der Buße gedacht werden, unter dessen Bann Florenz sieben Jahre lang stand: Savonarola. Seine Geschichte ist nicht nur die eines genialen Besessenen, sondern zugleich ein eindringliches Exempel für das rätselhafte Spiel der Massenpsyche. Savonarolas fanatische Idee war, die der Sittenlosigkeit anheimgefallene Stadt ihrer Verderbnis zu entreißen und einen Gottesstaat aufzurichten, dem Bürger und Obrigkeit untertan sein sollten.

Bußpredigt Savonarolas.
Holzschnitt von 1495

Die Florentiner, seit eh und je leicht erregbar und zur Maßlosigkeit neigend, konnten sich der Suggestionskraft seiner Predigten nicht entziehen. Das renaissancehaft hemmungslose Vergnügen kehrt sich in religiöse Ekstase um; der rauschend-bacchantische Stil (McCarthy) bleibt, nur unter anderem Vorzeichen, derselbe.

Più giocondo ne maggiore,
Che per zelo e per amore
Di Gesù, diventar pazzo . . .
Sempre pazzo, pazzo, pazzo.

Nichts glücklicher, nichts mächtiger,
Als durch Glut und durch Liebe
Närrisch zu werden in Jesus . . .
Immer närrisch, närrisch, närrisch.

Und so radikal es bei dieser geistlichen Revolution um allen irdischen Besitz, ja um Leben und Tod geht, so sehr haftet ihr doch stets der Charakter eines hinreißenden Theaters an, eines einzigen, derwischhaften, verzückten Tanzes. (Etwas von der ursprünglichen Wesensart Savonarolas kommt darin zum Ausdruck, daß er nicht nur fromme, sondern auch handfest irdische *canzoni* gedichtet hat, zu lustigen Karnevalsmelodien zu singen.)

Dieses große geistliche Theater beginnt bei den apokalyptisch unheimlichen Bußpredigten des Propheten. Pico della Mirandola erzählt: Die Predigt fing an mit der Bibelstelle: »Denn siehe, ich will eine Sintflut mit Wasser kommen lassen auf Erden.« Savonarola rief die Worte, kaum daß er auf der Kanzel stand, laut, mit furchtbarer Stimme wie Donnergrollen, Pico erschauerte, seine Haare standen zu Berge. Michelangelo vergaß bis in sein Alter nicht den Eindruck der faszinierenden Gebärden des Predigers.

Das Theater geht weiter in dem mystischen Schauer und der hymnischen Ekstase der Masse, in dem folgsamen Weinen und Klagen (»Wimmerer« werden die Savonarola-Anhänger im Spott genannt). Das Theater gipfelt im festlichen Autodafé aller sündigen Dinge wie falscher Haare, Schmuck, Musikinstrumente, weltlicher Bücher und Bilder auf einem ungeheuren Scheiterhaufen (1497), der vor dem Abbrennen einen märchenhaft schönen Anblick geboten haben soll. Viele Künstler beteiligten sich an dem wilden Fest. Botticelli, ein treuer Anhänger Savonarolas, überantwortete seine Werke den Flammen mit dem Gelübde, nur noch Bilder religiösen Inhalts zu malen.

Der fast physikalisch exakte Gegenausschlag des Pendels erfolgte sofort. Auf dem Höhepunkt der Selbstentäußerung angelangt, verglomm mit den Flammen des Scheiterhaufens auch der ekstatische Unterwerfungswille der florentinischen Herzen. Das Volk, durch Savonarolas Angriffe auf den Borgiapapst Alexander VI. vollends verwirrt, ist schon ein Jahr später bereit, sein Idol zu stürzen. Einem großartig in Szene gesetzten »Gottesurteil« (er sollte durchs Feuer gehen) weicht der Prophet angstvoll aus. Das Volk ärgert sich, daß er es um ein solches Schauspiel betrogen hat, und bewirft ihn mit Steinen. Am 22. Mai 1498 wird er »angesichts seines pestilenzialischen Aufruhrs« genau an der Stelle verbrannt, wo die Florentiner ein Jahr zuvor bereitwillig ihren weltlichen Besitz den Flammen überantwortet hatten, um ihre Seelen zu retten.

Girolamo Savonarola. Holzschnitt von 1507

1 San Miniato al Monte, eine der schönsten romanischen Kirchen Italiens

2 Florenz, Blick auf Campanile und Dom ▷

3 Ponte Santa Trinità, die schönste Brücke von Florenz, erbaut 1567–70 von Bartolommeo Ammanati

5 Palazzo Vecchio ▷

4 Ponte Vecchio, die älteste Brücke der Stadt. Sie wurde mehrfach erneuert, besonders nach der großen Überschwemmung von 1333. Die Läden bestehen seit dem 13. Jh.; 1593 verfügte Großherzog Ferdinando I., daß sie nur an Goldschmiede abzugeben seien. Vasari baute 1570 im Auftrag Cosimos I. den überdeckten Wandelgang zwischen den Uffizien und dem Palazzo Pitti auf der Ostseite der Brücke

6 Palazzo Vecchio oder Palazzo della Signoria, 1298 vermutlich von Arnolfo di Cambio begonnen

7 Der 1255 begonnene Palazzo del Bargello, Residenz des Stadthauptmanns, seit 1261 des Podestà

9 Aufgang und Loggia des Bargello ▷

8 S. Croce ist die größte der Franziskanerkirchen. Sie wurde 1294 von Arnolfo di Cambio an der Stelle eines Oratoriums der Frati Minori Conventuali (Minoritenbrüder) begonnen und kurz vor 1835 vollendet. Beachtenswert sind die Chorkapellen der Kirche: die Bardi- und die Peruzzi-Kapelle und die bedeutendste, die Pazzi-Kapelle (s. Abb. 59). Die Fassade entstand im 19. Jh. Das Museum befindet sich im ehemaligen Refektorium

10 »Thronende Madonna« (ca. 1280–90) von Cimabue in den Uffizien

11 Santa Maria Novella, 1278–1350 erbaut, Marmorfassade 1456–70

12 Wappen der Stadt Florenz, die Iris-Blüte, an der Kirche Or San Michele, von Luca della Robbia

13 Totenmaske Dante Alighieris (1265–1321), des größten Sohnes der Stadt, im Palazzo Vecchio. Ein Kenotaph des in Ravenna verstorbenen Dichters steht im rechten Seitenschiff der Kirche S. Croce

14 Piccarda Bueri, Gemahlin des Giovanni di Bicci, stammte aus führendem florentinischen Patriziergeschlecht. Stich aus der Biblioteca Nazionale, Florenz

15 Giovanni di Bicci (1362–1428), Gemälde von Bronzino im Palazzo Medici. Unter Giovanni erlangte die Medici-Bank ihre überragende Bedeutung. Als erster Mäzen des Hauses Medici gewann er Künstler wie Brunelleschi und Donatello

16 Als Cosimo 1434 aus der Verbannung nach Florenz zurückkehrte, wurde er vom Volk als 'Pater patriae' mit stürmischem Jubel empfangen. Gemälde von Vasari im Palazzo Vecchio

17 Gemahlin Cosimos des Alten war Contessina aus dem Bankiersgeschlecht der Bardi. Stich aus der Biblioteca Nazionale, Florenz

18 Palazzo Medici-Riccardi, 1444–60 von Michelozzo für Cosimo den Alten erbaut. Das Mauerwerk besteht aus derben, an der Vorderseite roh behauenen Quadern

20 »Verkündigung« von Simone Martini (1284–1344) und Lippo Memni in den Uffizien ▷

19 Den schönen viereckigen Innenhof des Palazzo Medici schuf ebenfalls Michelozzo. Großherzog Ferdinando II. de' Medici, Urenkel Cosimos I., verkaufte 1659 den Palast an den Marquis Riccardi; seitdem heißt er Palazzo Medici-Riccardi

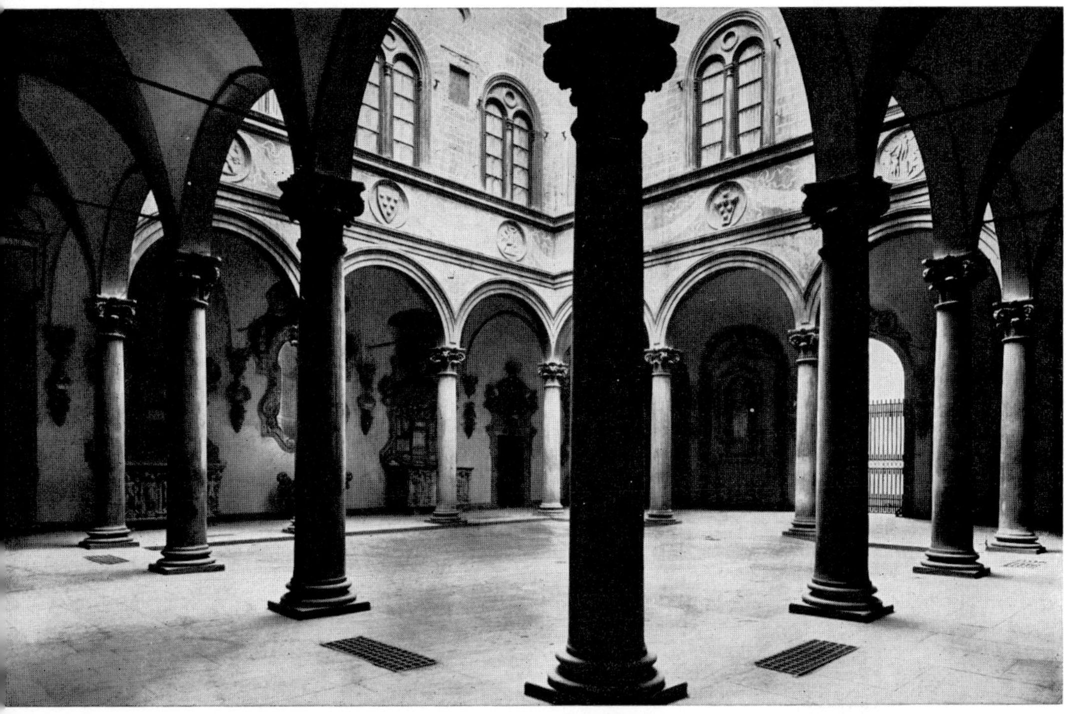

21 ›Noli me tangere‹, Fresko von Fra Angelico (1387–1455) im Museo di S. Marco. Als etwa 50jähriger begann der Mönch Fr
Giovanni da Fiesole, der später Fra Angelico genannt wurde, in S. Marco seine ersten Wandfresken zu malen

2 Kloster S. Marco, unter Cosimo 1435–52 von Michelozzo umgebaut und von dem Dominikanermönch Fra Angelico, den Cosimo aus Fiesole nach Florenz holte, mit Fresken ausgemalt. Heute Museo di S. Marco, Sammlung kirchlicher Kunst

3, 24 Die Brancacci-Kapelle der Kirche S. Maria del Carmine mit den Fresken von Masaccio (1401–1428). Rechts: Ausschnitt aus dem ›Zinsgroschen‹. An Masaccio haben sich alle nachfolgenden Künstler, unter ihnen Leonardo und Michelangelo, geschult.

25, 26 Cosimo der Alte ließ mehrere Landhäuser errichten, darunter die Villa il Trebbio und die Villa di Cafaggiolo; beide wurde. von Michelozzo ausgebaut. Die Bilder zeigen Ausschnitte aus Lünetten im Palazzo Medici und im Museo Mediceo

27 S. Lorenzo, 1420 von Brunelleschi begonnen. Das Innere gilt als einer der schönsten Räume des 15. Jh. Im Komplex der Kirch die von Cosimo begründete und später von Michelangelo ausgestaltete Biblioteca Laurenziana (s. Abb. 61) und die Medici-Kapell mit den Monumenten für Lorenzo und Giuliano (s. Abb. 76)

28 Donatellos bronzener David, 1,58 m hoch, heute im Bargello, ist die erste völlig freistehende nackte Statue in dieser Größe seit dem Altertum – eine revolutionäre Leistung der Frührenaissance. Donatello (1386–1466) war dem Hause Medici durch drei Generationen verbunden

29 Lucrezia Tornabuoni, Gemahlin Pieros, wichtige Ratgeberin ihres Mannes und später ihres Sohnes Lorenzo. Bildnis in Frankfurt/M. von Botticelli, den Piero großzügig förderte

30 Piero der Gichtische (1416–1469) war als Geschäftsmann und politischer Kopf, als souveräner Geist und nobler Mensch gleichermaßen bedeutend. Bildnis von Bronzino, National Gallery, London

31, 32 Giovanni di Cosimo starb mit 42 Jahren. Während sein Bruder Piero für die Regierung der Stadt erzogen wurde, sollte Giovanni die Bank übernehmen. Seine Büste im Bargello schuf Mino da Fiesole. Ghirlandaios Fresko ›Heimsuchung Mariä‹ in der Kirche S. Maria Novella zeigt unter den Frauen Ginevra degli Albizzi, Giovannis Gemahlin

33 Der Marzocco-Löwe, der in den Pranken das Wappen der Stadt Florenz mit der blutroten Iris hält. Bronzefigur von Donatello im Museo Nazionale. Vor dem Palazzo Vecchio steht eine Kopie der Skulptur

34 Verrocchio schuf das Grabmal Pieros des Gichtischen und seines Bruders Giovanni aus Bronze und Marmor, eingefügt in eine Nische der Alten Sakristei von S. Lorenzo; 1472 vollendet

35 Jakob empfängt den Segen Isaaks, Detail eines der Bronzereliefs von Lorenzo Ghiberti an der 'Paradiestür' des Baptisteriums (1425–52)

36 ›Madonna des Magnificat‹ von Botticelli mit den Bildnissen Lorenzos (das Buch haltend) und Giulianos (im hellen Licht). Das Gemälde, in den Uffizien, entstand in Pieros Auftrag

37 Mit der prächtigen Kuppel vollendete Filippo Brunelleschi 1420–34 den Bau des Domes S. Maria del Fiore. 1296 von Arnolf di Cambio begonnen, waren die Arbeiten an der Kirche von Giotto, Andrea Pisano und Francesco Talenti fortgeführt worden

38 Das Baptisterium, Kirche des hl. Johannes des Täufers, 1059 oder 1061 von Papst Nikolaus II. geweiht, war bis 1128 Kathedrale von Florenz. Die Außenwände wurden 1298 von Arnolfo di Cambio mit grün-weißem Marmor verkleidet; die Eckpfeiler errichtete er 1296. Berühmt sind die von Ghiberti gestalteten Bronzetüren des Baptisteriums (s. Abb. 35 u. 117)

40 »Taufe Christi«, Bronzerelief am Südportal des Baptisteriums von Andrea Pisano (um 1295–1348/49)

◁ 39 Mosaik des Pantokrator in der Kuppel des Baptisteriums, um 1300

41 Bernardo Bandini war der gedungene Mörder, der die Tat im Dom ausführte. Er wurde mit einem Strick um den Hals aus dem Fenster gehängt. Zeichnung von Leonardo da Vinci im Musée Bonnat, Bayonne

42 Lorenzo mit zwei Freunden, Detail aus den Fresken der »Franziskus-Legende« von D. Ghirlandaio in der Sessetti-Kapelle der Kirche S. Trinità

43 Lorenzo der Prächtige, Tafelbild von Vasari in den Uffizien. Das Bild entstand erst 1534 im Auftrag Alessandros, des Herzogs von Florenz

44 Clarissa Orsini, Gemahlin Lorenzos, aus dem römischen Adelsgeschlecht der Orsini, kämpfte ihr Leben lang gegen Lorenzos 'heidnisches' Griechentum. Stich aus der Biblioteca Nazionale, Florenz

45 Lorenzo il Magnifico (1449–1492), Büste von Andrea del Verrocchio in der National Gallery of Art, Washington D. C., Samuel H. Kress Collection. Durch Bündnisse mit Mailand und Venedig wirkte er für eine Gleichgewichtspolitik in Italien, das überzeitliche Gewicht Lorenzos aber liegt in seiner musisch-geistigen Wirksamkeit

46 Giuliano (1453–1478), Bildnis von Botticelli in den Staatl. Museen, Berlin. Kühnheit, Phantasie und neidlose Hilfsbereitschaft gegenüber dem 'machthabenden' Bruder Lorenzo zeichnete ihn aus. Giuliano erlag dem Mordüberfall der Pazzi-Verschwörer im Dom zu Florenz

47 Simonetta Vespucci, die junge Geliebte Giulianos galt als die schönste und liebreizendste Frau von Florenz. Botticellis Venus (s. Abb. 49) trägt ihre Züge. Simonetta starb 18jährig an der Schwindsucht. Bildnis von Botticelli in den Staatl. Museen, Berlin

48 Villa Medici in Fiesole. Lorenzo lud die Pazzi-Verschwörer hier zum Mahl; der Anschlag auf ihn und den Bruder unterblieb, da Giuliano nicht erschien. Als neuer Zeitpunkt für den Mord wurde das sonntägliche Hochamt am 26. 4. 1478 im Dom zu Florenz bestimmt

49 Ausschnitt aus der ›Geburt der Venus‹ von Sandro Botticelli in den Uffizien. Botticelli schuf das Bild 1485, zusammen mit dem ›Frühling‹, für die Medici-Villa in Castello. Die Venus ist das erste große Bild der nackten Göttin seit römischer Zeit. Erst die Platonische Akademie Lorenzos hatte der antiken Mythologie zu diesem Durchbruch verholfen

50, 51 Cosimo der Alte stiftete 1459 die Platonische Akademie von Florenz, die mit dem Tode Lorenzos des Prächtigen unterging. Die beiden führenden Denker der Akademie waren Marsilio Ficino (1433–1499; Bildnis auf einem Fresko Ghirlandaios in S. Maria Novella) und sein Schüler Giovanni Pico della Mirandola (1463–1494; Gemälde eines unbekannten Künstlers in den Uffizien)

52 Die Villa di Careggi bei Florenz, seit 1417 im Medici-Besitz, wurde 1433 durch Michelozzo erweitert. Sie war der bevorzugte Sommersitz Cosimos des Alten, seines Sohnes Piero und seines Enkels Lorenzo, der hier die Platonische Akademie um sich versammelte. Cosimo und Lorenzo starben in der Villa

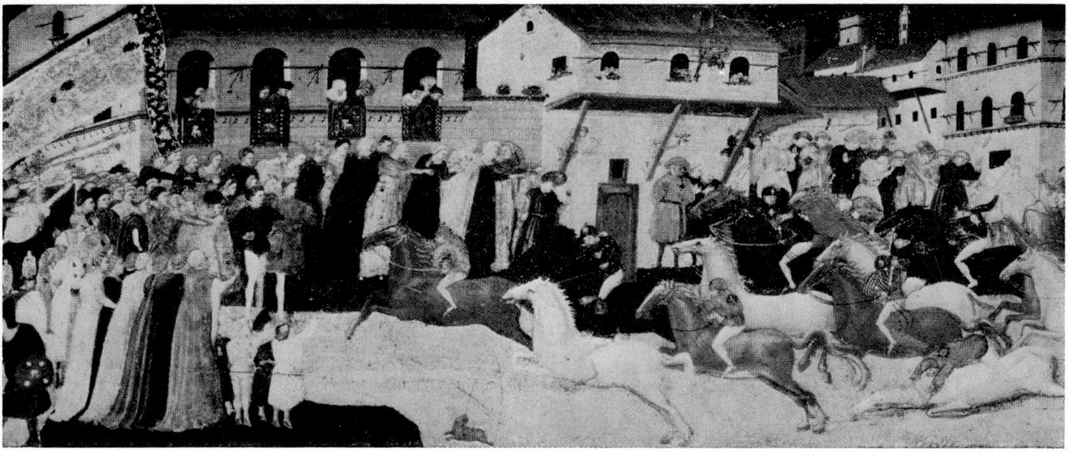

53 Pferderennen in den Straßen von Florenz, Ausschnitt aus einer Tafelmalerei des 15. Jh. im Cleveland Museum of Art, The Holden Collection. Turniere und sportliche Treffen, Konzerte, Feuerwerkspiele und Maskenfeste veranstaltete Lorenzo in den ersten Jahren seiner Regierung in großem Stil als Feste für das Volk

54 Villa Medici in Poggio a Caiano, 17 km vor Florenz gelegen. Giuliano da Sangallo baute sie an der Stelle einer Festung, die Lorenzo 1480 erwarb. Für manche späteren Mitglieder der Familie Medici wurde dieser Lieblingssitz Lorenzos zu einer Stätte von tragischer Bedeutung

55 Der David des Michelangelo (1475 bis 1564) in der Accademia. Vor dem Palazzo Vecchio steht eine moderne Kopie der Statue. Mit seinen 5,48 m ist dieses Werk des 26jährigen Künstlers die erste Monumentalstatue der Hochrenaissance, mit ihr ging die heroische Größe antiker Plastik in die Kunst der Renaissance ein

56 Totenmaske Lorenzos des Prächtigen im Saal III des Palazzo Medici

57 Fra Girolamo Savonarola, Bildnis von Fra Bartolommeo im Museo di S. Marco. Sieben Jahre lang stand Florenz im Banne des Bußpredigers

58 Verbrennung Savonarolas vor dem Palazzo Vecchio, zeitgenössisches Gemälde im Museo di S. Marco. Am 22. 5. 1498 wurde er an eben der Stelle verbrannt, an der die Florentiner ein Jahr zuvor auf sein Geheiß ihren weltlichen Besitz den Flammen übergeben hatten. Eine in die Piazza della Signoria eingelassene Platte bezeichnet den Ort des Feuertodes

59 Die Pazzi-Kapelle der Kirche S. Croce, 1430 begonnen, ein Meisterwerk Brunelleschis, wurde richtungweisend für den Stil der Renaissance

60 Palazzo Strozzi, das vollendete Beispiel eines florentiner Renaissance-Palastes, 1489 durch B. da Maiano entworfen und nach dessen Tode von Cronaca fortgeführt

61 Mit dem Bau der an S. Lorenzo angrenzenden Biblioteca Laurenziana, 1524–34, begründete Michelangelo einen neuen Stil in der Architektur, der wesentlich auf den Ausdruck abgestimmt ist. Der Entwurf der Treppe zum Lesesaal stammt von 1558/59

62 Piero, 'der Unglückliche', Sohn und Nachfolger Lorenzos des Prächtigen (1471–1503), Bildnis von Bronzino im Palazzo Medici. Mit Karl VIII. von Frankreich schloß er einen demütigenden Frieden; 1494 jagte ihn das Volk von Florenz aus der Stadt

63 Alfonsina Orsini, Gemahlin Pieros des Unglücklichen und Verwandte seiner Mutter, kämpfte mit allen Mitteln um die Erbrechte ihres Sohnes Lorenzo, Herzogs von Urbino. Stich aus der Biblioteca Nazionale, Florenz

64 Einmarsch Karls VIII. in Florenz, Gemälde von Francesco Granacci im Palazzo Medici. 1494 zog der französische König mit einem Truppenaufgebot von 60000 Mann in Italien ein, um das Königreich Neapel zu erobern

65 »Papst Leo X. mit den Kardinälen Giulio de' Medici und Luigi de' Rossi«, Tafelbild von Raffael in den Uffizien. Leos Vette und Berater Kardinal Giulio, im Bild zu seiner Rechten, ist der spätere Papst Clemens VII.

66 Stola Leos X. mit dem Wappen der Medici. Giovanni de' Medici, zweiter Sohn Lorenzos des Prächtigen, nahm als Papst den Namen Leo an

67 Michelangelo legt Leo X. die Pläne für S. Lorenzo vor, Gemälde von Jacopo da Empoli in der Casa Buonarroti, Detail. Zögernd nur stützte der Medici-Papst den Künstler; die jahrelang erarbeiteten Pläne für die Fassade von S. Lorenzo blieben unausgeführt

68 Papst Clemens VII. (1478–1534) – Giulio de' Medici – natürlicher Sohn des im Dom zu Florenz ermordeten Giuliano, wurde von Leo X. zum Kardinal ernannt. Er suchte die Macht des Papsttums mit allen Künsten der Diplomatie zu festigen. Bildnis von Sebastiano del Piombo, Gallerie Nazionali di Capodimente, Neapel

69 Niccolò Machiavelli (1469–1527), Bildnis von Bronzino im Palazzo Doria, Rom. Der zeitgenössische Historiker der Medici-Geschichte, ehemaliger Sekretär der Stadt Florenz, erhob die Machtanwendung ohne moralische Bedenken in der geschliffenen Prosa seines Buches ›Il Principe‹ zum System

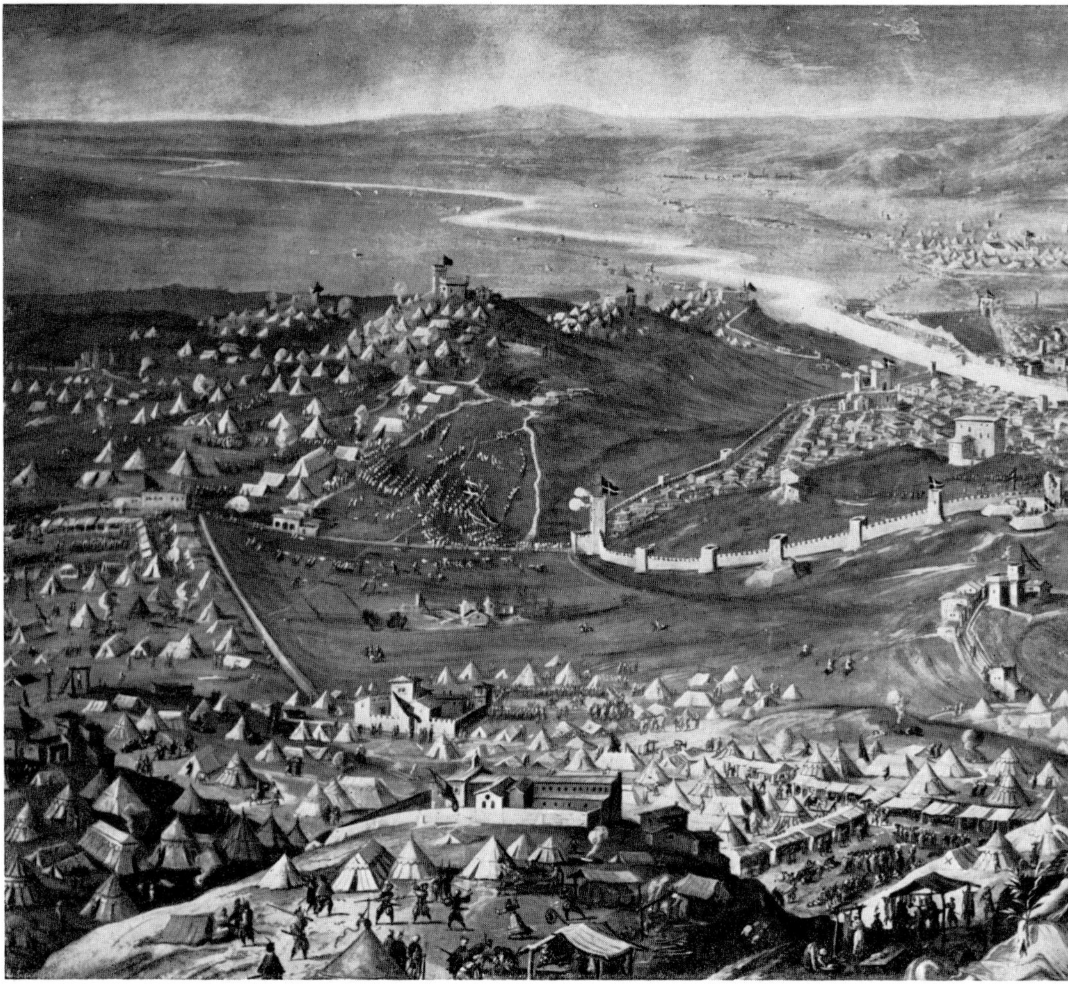

70 Belagerung von Florenz 1530 durch die kaiserlichen Truppen, Gemälde von Vasari im Palazzo Vecchio. 6 Monate lang währte die Verheerung Roms, der 'Sacco di Roma' im Jahre 1527, bei dem Clemens VII. in der Engelsburg eingeschlossen war und nur durch Bestechung der Wachmannschaften entfliehen konnte. Danach gab der Papst seine Pläne einer Machterweiterung auf. Er konzentrierte sich jetzt darauf, in seiner Vaterstadt Florenz die republikanische Herrschaft zu brechen. 1529 gewann er bei seinem Zusammentreffen mit Karl V. in Bologna den Kaiser zum Feldzug gegen Florenz. Michelangelo, seit Januar 1529 Mitglied der Nove della Milizia, hatte auf der Höhe von S. Miniato moderne Bastionen zum Schutz gegen das heranrückende Heer angelegt. Nach einigen Monaten jedoch, am 12. 8. 1530, kapitulierte die Stadt, und Clemens setzte seinen Sohn Alessandro als Herzog über Florenz ein

71 ›Die Anbetung der Könige‹, Tafelbild von Leonardo da Vinci (1452–1519) in den Uffizien, Detail. Leonardo, universales Genie der Renaissance, Künstler, Forscher und Ingenieur, verließ Florenz als 30jähriger; das 1481 begonnene Bild blieb unvollendet. Als die Stadt 1494 nach Pieros Vertreibung vorübergehend Republik war, kehrte Leonardo für einige Jahre zurück, in denen unter anderem der berühmte Karton zur ›Schlacht von Anghiari‹ entstand

72, 73 Giuliano, Herzog von Nemours (1479–1516), Bildnis von Alessandro Allori in den Uffizien. Der jüngste Sohn Lorenzos des Prächtigen, einer der beliebtesten Medici, regierte Florenz ein knappes Jahr, dann wich er seinem Neffen Lorenzo (s. Abb. 77). In Rom wurde er Führer der päpstlichen Truppen. Sein Bruder, Papst Leo X., verheiratete ihn mit einer Frau aus königlichem Geschlecht, der 17jährigen Prinzessin Philiberta von Savoyen. Stich aus der Biblioteca Nazionale, Florenz

74 Clarissa, die Tochter Pieros und Nichte von Leo X. und Giuliano, dem Herzog von Nemours, wurde 15jährig dem reichen Filippo Strozzi angetraut. Strozzi nahm sich das Leben, um der Folterung durch Cosimo I. (s. Abb. 93) zu entgehen. Stich aus der Biblioteca Nazionale, Florenz

75 Ippolito (1509–1535), natürlicher Sohn Giulianos, des Herzogs von Nemours. Clemens schickte ihn als Kardinal nach Ungarn, um als Oberhaupt über Florenz den eigenen Sohn Alessandro einzusetzen, dessen Giftanschlag Ippolito 26jährig zum Opfer fiel. Gemälde von Tizian im Palazzo Pitti

76 Grabmal des Lorenzo in der Neuen Sakristei von S. Lorenzo. Die Grablege für Giuliano, Herzog von Nemours, und Lorenzo, Herzog von Urbino, schuf Michelangelo 1521–34 im Auftrag Clemens' VII. An die Stelle der Porträts setzte er allgemein gültige Bildnisse: die Tat und die Betrachtung verkörpernd. Es ist fast gleichgültig, welchem der Herzöge man die eine oder die andere Skulptur zuordnet. Darunter die Skulpturen »Der Abend« und »Der Morgen«, »Der Tag und die Nacht«

77 Lorenzo, Herzog von Urbino (1491–1519), Bildnis von Bronzino im Palazzo Medici. Alfonsina gelang es, Giuliano (s. Abb. 72) aus Florenz zu vertreiben und die Herrschaft ihrem Sohn Lorenzo zu sichern. Den Papst, ihren Schwager, trieb sie in einen Krieg gegen den Herzog von Urbino, um dem Sohn den Herzogsnamen zu verschaffen

78 Madeleine de la Tour d'Auvergne, Prinzessin von Bourbon, Verwandte Franz' I. von Frankreich, wurde die Gemahlin des Herzogs von Urbino auf Betreiben Leos X. Madeleine starb kurz nach der Geburt ihrer Tochter Caterina. Stich aus der Biblioteca Nazionale, Florenz

79, 80 Caterina de' Medici (1519–1589), Jugendbildnis in der Villa Poggia a Caiano. Die Tochter Lorenzos, des Herzogs von Urbino, war die letzte Repräsentantin der älteren Medici-Linie; als Königin von Frankreich erreichte sie den höchsten weltlichen Rang, der einem Medici zuteil wurde; 1533 wurde sie mit Heinrich II. (Bildnis von François Clouet im Palazzo Pitti) vermählt

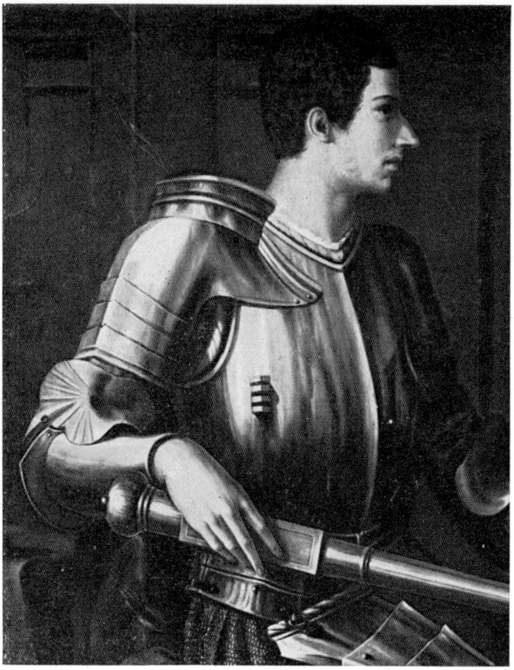

81 Alessandro, Herzog von Florenz (1510–1537), Gemälde von Vasari im Palazzo Medici. Mutmaßlich Sohn Clemens' VII. und einer maurischen Sklavin. Der Papst schickte Ippolito (s. Abb. 75) ins Ausland und setzte den Sohn in die Regentschaft über Florenz ein. 6 Jahre, bis zu seiner Ermordung, war Alessandro der Alptraum der Stadt

82 Margherita von Österreich-Parma, Bildnis von Antonis Moor im Kaiser-Friedrich-Museum, Berlin. Die natürliche Tochter Karls V. wurde 15jährig dem 'Mulatten' Alessandro angetraut. Nach seiner Ermordung floh sie aus Florenz. Als Statthalterin der Niederlande ging sie in die Geschichte ein

83 Lorenzino, Sohn Pier Francescos d. J., Stich aus der Biblioteca Nazionale, Florenz. Lorenzino gehört der jüngeren Linie der Medici an, welche die folgenden Abbildungen, zeitlich zurückgreifend, zur Darstellung bringen (vgl. die Stammbäume in der hinteren Umschlagklappe des Buches). Er nahm als engster Gefährte an Alessandros Orgien teil. Als der Herzog eine Nacht mit Lorenzinos eigener Schwester verbringen wollte, wurde er ermordet. Später rühmte Lorenzino sich, ein florentinischer Brutus, dieses Tyrannenmordes. Lorenzinos ›Apologia‹ gilt als eines der schönsten Werke in italienischer Sprache

4 Blick auf die Kirche Or San Michele. Rechts im Bild der Campanile des Doms

85 Andreal del Verrochio (1436–1488), Lehrer Leonardo da Vincis, einer der bedeutendsten florentinischen Bildhauer, schuf 1475 für die Villa di Careggi (s. Abb. 52) die zauberhafte Brunnenfigur des Putto mit dem Delphin. Fast 100 Jahre später ließ Großherzog Cosimo I. die Bronzefigur an ihren heutigen Platz im Palazzo Vecchio überführen

86 Pier Francesco d. Ä. (1431–1477), Bildnis von Bronzino in den Uffizien. Giovanni di Bicci hinterließ die Firma seinen Söhnen Cosimo und Lorenzo. Mit Lorenzo (d. Ä.) beginnt die jüngere Linie der Medici. Pier Francesco d. Ä. war sein Sohn

87 Lorenzo Popolano (1463–1503), Medaille im Museo Nazionale, Florenz. Die jüngere Linie legte in der 3. Generation nach Giovanni di Bicci den Adelstitel ab und nahm den bürgerlichen Namen Popolano an, um in der republikanischen Volksvertretung wählbar zu sein

88 Giovanni Popolano (1467–1498), florentinischer Gesandter, Bildnis von Vasari im Palazzo Vecchio. Die Brüder Popolano unternahmen alles, um die ältere Medici-Linie in Piero dem Unglücklichen zu Fall zu bringen

89 Caterina Sforza (1462–1509) war in dritter Ehe mit Giovanni Popolano verheiratet. Mit dem Schwert in der Hand kämpfte sie für ihre Städte Forli und Imola. Bildnis von Vasari im Palazzo Vecchio

90, 91 Maria Salviati, Enkelin Lorenzos des Prächtigen, und ihr Gemahl Giovanni delle Bande Nere (1498–1526), Condottiere, Sohn des Giovanni Popolano. Bildnisse von Vasari im Palazzo Vecchio. »Ganz Feuer, Waffen und Pferde« sagte voll Stolz seine Mutter Caterina Sforza von Giovanni. In seinem Sohn Cosimo I. treffen die ältere und die jüngere Linie der Medici zusammen

92 Lucrezia Salviati, Tochter Lorenzos des Prächtigen, Schwester von Piero dem Unglücklichen, Leo X. und Giuliano, dem Herzog von Nemours. Sie war mit Jacopo Salviati verheiratet und ist die Mutter der Maria Salviati. Stich in der Biblioteca Nazionale, Florenz

93 Cosimo I., Großherzog von Toscana (1519–1574), Gemälde von Bronzino in der Gemäldegalerie Kassel. Der 17jährige Cosimo nutzte die Unsicherheit nach Alessandros Tod geschickt aus, um die Macht über Florenz an sich zu bringen (vgl. Abb. 81 und 83). Er verhaftete, folterte, mordete, schickte ins Exil. Die Toscana wurde unter seiner Diktatur zu einem Musterstaat. Florenz war noch einmal kultureller Mittelpunkt Italiens. Cosimo war wie alle Medici ein begeisterter Sammler

94 Innenhof des Palazzo Pitti und Blick auf den Boboli-Garten

95 Palazzo Pitti, um 1450 nach Brunelleschis Entwurf errichtet, 1558–1570 von Ammanati vollendet, später erweitert. Eleonora erwarb den Palast von der Familie Pitti, Cosimo II. begründete um 1620 die berühmte Gemäldegalerie. Einen großen Tei der 1494 durch die Plünderung des Palazzo Medici zerstreuten Kunstschätze kaufte schon Cosimo I. zurück. Beginn der Samm lung etruskischer Kunst

6 Wappen der Medici in der Galleria degli Arazzi, Florenz. Es bestand ursprünglich aus 8, später aus 6 Kugeln; die oberste trug seit Piero il Gottoso die Lilie Frankreichs. Unter Cosimo I. ist die großherzogliche Krone hinzugekommen

7 Eleonora von Toledo, mit ihrem Sohn Garzia, Gemälde von Bronzino in den Uffizien. Die Tochter des Vizekönigs von Neapel brachte Cosimo I. eine umfangreiche Mitgift in die Ehe, die ihm sein imposantes Planen und Bauen ermöglichte

8 Die Loggia dei Lanzi, 1376 vollendet. Als Cosimo aus Sicherheitsgründen aus der Villa Medici in den Palazzo Vecchio übersiedelte, brachte er in der benachbarten Loggia della Signoria von Andrea Orcagna, jetzt Loggia dei Lanzi genannt, die schweizerische Palastwache unter. Im Museo Stibbert, wo auch die schwarze Rüstung Giovannis delle Bande Nere zu sehen ist, sind die eisernen Panzer der Landsknechte aufbewahrt

99 Neptunsbrunnen auf der Piazza della Signoria von Ammanati und Giambologna, 1511–92

100 Loggia dei Lanzi (vgl. Abb. 98)

101–108 Die 8 Kinder Cosimos I. und der Eleonora von Toledo. Bildnisse von Bronzino in den Uffizien und im Palazzo Medici. Maria starb mit 18 Jahren; Francesco folgte dem Vater als Großherzog und wurde vergiftet; Isabella wurde von ihrem Mann erwürgt; Giovanni erlag dem Sumpffieber; Lucrezia starb am Kindbettfieber; Garzia raffte das Sumpffieber mit Giovanni dahin; Ferdinando übernahm nach Francescos Tod die Regierung; Pietro tötete seine Frau aus Eifersucht und wurde in Spanien erstochen

109 In den Uffizien, dem Palazzo degli Uffizi, 1560–80 von Vasari erbaut, faßte Cosimo I. die städtischen Ämter zu einem zentralen Magistrat zusammen. Heute birgt die Galleria degli Uffizi eine der berühmtesten Kunstsammlungen der Welt, die u. a. einen einzigartigen Überblick über die toskanische Malerei vom 13. bis 16. Jh. bietet. Im Hintergrund Palazzo Vecchio und Domkuppel

110 Johann Wilhelm, genannt Jan Wellem, Kurfürst von Pfalz-Neuburg, und seine Gemahlin Anna Maria Ludovica (1667–1743) die letzte Medici. Gemälde von G. F. Douven im Palazzo Pitti. Die Familie der Medici erlosch im männlichen Stamm 1737 mit dem Großherzog Gian Gastone, dem Sohn Cosimos III.; seine Schwester Anna Maria Ludovica überlebte ihn um 6 Jahre Nach dem Tode ihres Gatten kehrte sie aus Düsseldorf nach Florenz zurück. Ihre reiche Kunstsammlung vermachte sie, zusammen mit den dortigen Sammlungen der Familie Medici, der Stadt Florenz

111 Toskanische Landschaft südlich von Florenz

112 Villen in der Umgebung von Florenz

113 Blick auf den Dom von Fiesole. Begonnen 1028, erweitert im 13. Jh., ist er eines der ältesten Beispiele toskanisch-romanischen Stils

114 Die antike Colonia Florentina wurde 59 v. Chr. von Cäsar gegründet. Aus diesen Anfängen besteht noch das römische Theater im 6 km nördlich von Florenz gelegenen Fiesole

3 Der Verfall der Medici

Auf die differenzierte Blüte, die in dem Adel des platonischen Philosophierens ihren reinsten Kern hat, folgt kein rascher Fall, sondern ein stufenweises Abgleiten. Die Platoniker hätten vielleicht von einem Genius gesprochen, der nun langsam entschwindet.

Sinkendes geistiges Niveau heißt nicht Rückgang der Macht. Im Gegenteil: nun erst beginnt das Geschlecht der Medici »die Leiter zum Himmel emporzusteigen«, wie Machiavelli das mit einer – nicht ganz ungeheuchelten – Bewunderung sagt (Istorie Fiorentine VIII). Das Bild ist treffend: es handelt sich nicht um festgebaute Stufen, sondern um eine schwankende Leiter. Das Verhältnis der Medici zur Macht – zuvor skeptisch, sehr überlegt und sehr vorsichtig – wird nun sprunghaft, maßlos. Gipfel und Sturz sind jetzt in einer dauernden, atemberaubenden Folge aneinandergekettet.

Die jüngere Linie der Medici-Familie, die Kinder und Enkel also des Bruders von Cosimo dem Alten, lebte für zwei Generationen in einer gediegenen Gesinnung der Solidarität und des fast neidlosen verwandtschaftlichen Respekts gegenüber der glänzenden älteren Linie, obwohl das Vermögen dieser jüngeren Linie immer mehr zusammenschmolz, da ihren Repräsentanten die überragende Finanzbegabung fehlte. Nun, in der dritten Generation, beginnt sich in der jüngeren Linie ein eigenwilliges Denken zu regen. Die Krise innerhalb der Familie kündigt sich an. Das Gesetz des Zerfalls beginnt seine Herrschaft anzutreten. Zerfall also nicht nur im Sinn des geistigen Niedergangs, sondern auch im Sinn der Spaltung innerhalb der Familie Medici.

Piero der Unglückliche 1471–1503

(Abb. 62)

Lorenzo der Prächtige hatte drei Söhne, Piero (den ältesten) nannte er töricht, Giovanni klug, Giuliano gut. Der »Törichte« wurde sein Nachfolger.

Er war am wenigsten geeignet, das Vermögen der Familie zu verwalten oder gar zu mehren, geschweige den Staat zu lenken. Von Kind auf mißlang ihm, was er begann; sein schlimmer Beiname *Lo Sfortunato,* »der Unglückliche«, sollte sich bis zum bitteren Ende beweisen.

Piero war sicher nicht dumm von Verstand, aber sein rasches, unkontrolliertes, hochfahrendes Temperament, sein daraus resultierendes herrisches Auftreten, die Unfähigkeit zu diszipliniertem, diplomatischem Handeln und der Mangel an wirtschaftlichem Organisationstalent trugen ihm bei den persönlichen, geschäftlichen und politischen Partnern wachsende Kälte ein. Das Kennzeichen des Törichten, die Arroganz, war nicht nur ein Erbstück seiner römischen Mutter Clarissa Orsini, sie wurde noch gestützt durch seine ebenso ehrgeizige Frau Alfonsina Orsini, eine Verwandte der Mutter.

Im Jahr 1494 – zwei Jahre nach Lorenzos Tod – machte der französische König Karl VIII. seine wiederholten Drohungen wahr und marschierte mit einem überwältigenden und weithin gefürchteten Truppenaufgebot von 60 000 erstklassigen Soldaten, dem ersten »stehenden Heer« der Geschichte, in Italien ein, um sich das Königreich Neapel einzuverleiben. Den Anstoß zu der französischen Invasion hatte Lodovico Sforza, Herzog von Mailand, gegeben, der sich auf diese Weise des wachsenden Druckes zu entledigen hoffte, den das starke Königreich Neapel auf ihn ausübte.

Pieros schwerwiegender Fehler war nun, daß er den französischen Gegner völlig unterschätzte und sich, dem eisernen Stolz seines Orsini-Wesens gehorchend, der eigenen Macht sowie des Bündnisses mit Rom und Neapel sicher wähnte.

Erst als der Feind sein Lager schon bei Pisa aufgeschlagen hatte (Oktober 1494), erwachte Piero mit Entsetzen aus seiner Illusion und geriet nun, in Umkehrung seines Hochmuts, in blinde Panik. Er hastete nach Pisa und schloß, von dem gleichaltrigen, überaus glänzenden Franzosenkönig tief beeindruckt, kopfüber einen demütigenden Frieden, der Florenz zwang, sämtliche Festungen, die es längs der Ligurischen Küste besaß, gewaltlos zu öffnen. Diesen Schritt tat Piero, ohne die Regierung von Florenz konsultiert zu haben. Beglückt über die neue Freundschaft mit dem jungen König, lud er ihn überdies zu einem stolzen, festlichen Empfang nach Florenz ein, was dieser sofort annahm.

Als Piero froh nach Florenz zurückkam, erwartete er den Dank und Ruhm, mit dem einst sein Vater Lorenzo der Prächtige empfangen worden war – Lorenzo aber hatte seine diplomatischen Siege stets ohne solche Demütigungen und Opfer errungen. An Stelle des Dankes schlug ihm verzweifelter Haß entgegen.

Tragisch ist, daß diesen Haß auch die Verwandten aus der jüngeren Medici-Linie, Lorenzo und Giovanni Popolano, teilten, womöglich sogar – das wäre psychologisch begreiflich – mit schürten. Am Tag nach seiner Rückkehr wurde Piero von dem zornigen Volk regelrecht aus der Stadt hinausgeworfen. Der Palazzo der Medici wurde von der Volksmenge gestürmt und geplündert – die Kunstschätze wurden in alle Winde zerstreut. Erst nach Jahrzehnten konnten sie von den späteren Medici zum Teil zurückerworben werden.

Die Statue *Judith und Holofernes* wird von der Signoria aus dem Palazzo Medici entfernt und vor dem Palazzo Vecchio aufgestellt als »Warnung gegen alle, die die Freiheit der Bürger von Florenz bedrohen.«

Wenige Tage später marschierte der französische König in großartigem Triumph in Florenz ein. Er bezog aber nicht sein Quartier in der Signoria, um nicht den Anschein zu erwecken, daß er Herrschaftsansprüche über Florenz stelle, sondern im Palazzo Medici in der Via Larga, der in Eile mit den königlichen Insignien geschmückt wurde.

Einige schwache und schlecht vorbereitete Versuche Pieros, mit französischer Waffenhilfe Florenz wieder für sich zu gewinnen, schlugen fehl; Piero folgte nun mit einer eigenartigen, wurzellosen Ergebung den französischen Flaggen, bis er, der Unglückliche, während einer Seeschlacht im Garigliano bei Gaeta ertrank (1503), als er beim Rückzug des geschlagenen Heeres versuchte, Geschütze in einem Boot zum jenseitigen Ufer zu bringen.

Alfonsina Orsini, die Gemahlin Pieros des Unglücklichen † 1519

(Abb. 63)

Es war die Mutter, die den 17jährigen Piero mit ihrer Verwandten Alfonsina vermählte. Die junge Frau – unerhört selbstbewußt, stolz und von eisernem Ehrgeiz (wovon das Porträt erzählen kann) – lernte auf ihrem jahrelangen Wanderleben von Exil zu Exil zwar nicht die Sanftmut, aber eine ungewöhnliche Durchhaltekraft hinzu. Ihrer wohl mehr penetranten als liebenswürdigen Tüchtigkeit verdanken die Kinder, daß sie wieder in den teilweisen Besitz ihrer einstigen florentinischen Rechte kamen.

Wie eine Löwin kämpfte Alfonsina, mit beschwörenden Briefen, energischen Auftritten und inständigen Bittgesuchen, vor allem um die Erbrechte ihres

Sohnes Lorenzo, der in Wirklichkeit schlaff und für ein öffentliches Amt denkbar unbegabt war. Ihr ständiges Insistieren beim Bruder Pieros des Unglücklichen, dem späteren Papst Leo, führte schließlich zu einem allzu flüchtigen Sieg (dazu unten S. 131).

Alfonsina, eine Gestalt von mythischer Härte und kraftvoller Prägung, starb an dem Tag, da ihr Enkelkind Caterina geboren wurde. Das Leben dieser unbeirrt geradlinig denkenden Frau könnte man einen einzigen tragischen Irrtum nennen. Die geistigen Chancen des schicksalhaften Umbruchs, der über die Medici gekommen war, verkennend, strebte sie ein Leben lang erbittert, das Alte wieder zu erringen. Es gelang ihr, aber die Folgen waren finster und wie von einem Fluch beladen.

Ihr haltloser Sohn Lorenzo, Herzog von Urbino, starb in tiefer Schwermut und Einsamkeit mit 27 Jahren. Ihre Tochter Clarissa verheiratete sie als 15-jährige mit dem reichen, seiner Herkunft nach hochangesehenen, der Wesensart nach seltsam wankelmütigem Filippo Strozzi, den die tapfere und begabte Clarissa mehr als einmal aus schwierigen Situationen retten mußte. Clarissa starb 35jährig als Mutter von 10 Kindern. Ihr Mann nahm sich, um der Folterung durch seinen Verwandten, Großherzog Cosimo I., zu entgehen, das Leben. Eindrucksvoller Zeuge dieser Generation ist der Palazzo Strozzi, den Filippo 1498 durch Benedetto da Maiano (und nach dessen Tod durch Cronaca) erbauen ließ. Der Palazzo Strozzi – dem Palazzo Medici in der edlen Linienführung verwandt – wirkt durch die derbere Rusticabauweise wuchtiger, imposanter.

Leo X. 1476–1521

(Abb. 65, 67)

Von der politischen genialen Veranlagung Lorenzos des Prächtigen – die dem unglücklichen Piero versagt blieb – hat Lorenzos zweiter Sohn immerhin ein gutes Stück geerbt. Ihn, den der Prächtige sehr genau als den klügsten unter seinen Söhnen erkannte, bestimmte er für das geistliche Amt, denn er wußte wohl, daß mit dem vielschichtigen Instrumentarium der damaligen Kirche trefflich Machtpolitik zu treiben war.

Giovanni de' Medici – später Leo X. – wurde, vom Vater exzellent gesteuert, als siebenjähriges Kind Erzbischof von Aix, als dreizehnjähriger Knabe Kardinal. Die Bande mit Rom wurden noch gefestigt durch die Ehe der ältesten Tochter Lorenzos, Maddalena, mit dem Sohn des Papstes Innozenz, Francesco Cibò.

Michelangelo, Zeichnung zum verschollenen Bronze-David. Florenz 1503

Selbstverständlich zielte alles darauf ab, daß Giovanni einst – in Machiavellis Worten – die steilste »Leiter in den Himmel« besteigen, also Papst werden sollte. Dem stand aber zunächst der 1492 gewählte Borgia-Papst Alexander VI. im Wege.

Der Spanier Alexander VI. und sein Sohn Cesare haben mit guten Gründen berüchtigten Weltruhm erlangt: Alexander hat unter allen Päpsten die meisten unglücklichen Frauen, Cesare unter allen Kardinälen die meisten Morde auf dem Gewissen. »Jede Nacht findet man in Rom vier, fünf Ermordete – Bischöfe, Prälaten und andere Leute«, so heißt es in einer zeitgenössischen Quelle, »und Alexander hätte auch die übrigen reichen Prälaten allesamt aus der Welt schaffen lassen, um sie zu beerben, wäre er nicht mitten in den größten Plänen für seinen Sohn dahingerafft worden«.

Auf den liederlichsten der Päpste folgte der kriegerischste: Julius II., genannt *»Il Terribile«*. (Als ihm Michelangelo beim Porträtieren ein Buch in die Hand geben wollte, wehrte er sich ärgerlich: »Nein, ein Schwert!«) Papst Julius war den Medici wohlgesinnt und ernannte Giovanni zu seinem Feldherrn im Kampf gegen die Franzosen und die Florentiner. Nach der ersten Niederlage von den Franzosen gefangengesetzt, errang Giovanni durch kluges diplomatisches Agieren und dann durch seine abenteuerliche Flucht allgemeine Bewunderung. Im Jahr 1512 eroberte er Prato, wo die Spanier – gegen Giovannis Willen, wie es heißt – ein Blutbad anrichteten, dessen Schrecken sich bald durch ganz Italien verbreitete.

Das abschreckende Beispiel tat seine Wirkung. Florenz verhandelte und öffnete den Medici die Tore. Giuliano de' Medici, Pieros des Unglücklichen jüngster Bruder, übernahm die zunächst mehr militante als republikanische Führung; die *»palle«*, die Kugeln des Medici-Wappens, von den Gegnern der Medici systematisch ausgemerzt, wurden überall wieder eingesetzt als Symbol der neugewonnenen Souveränität.

Ein halbes Jahr danach bestieg Giovanni de' Medici als Papst Leo X. den Stuhl Petri. Als wäre der einstige Glanz, das scheinbar schicksallose Glück der jungen Brüder Lorenzo und Giuliano für einen Moment zurückgekehrt, feierten die Florentiner dieses Ereignis mit unbändigem Triumph.

Die übersensible Stadt, wie elektrisch geladen, glaubte die Botschaft von der Wahl des jungen Medici schon zu hören, bevor überhaupt die konkrete Nachricht eingetroffen war. »Und wenn man zuerst schon Feuerwerke und Feste gemacht hatte, so tat man es nun mit doppeltem Jubel; ungezählte Bündel von Besen, Bottiche und Fässer zündete man an, alles, was eben der arme Mann im Haus hat, überall in den Gassen der Stadt. Durch ganz Florenz rannten die Leute, zertrümmerten die Vordächer über den Läden und verbrannten alles. Tücher hängte man aus, am Palast der Prioren, an der Domkuppel und an den Stadttoren, ungezählte Artillerieschüsse wurden abgefeuert, das Geschrei ›Palle Papa Leone‹ scholl durch die ganze Stadt.«

Die Persönlichkeit dieses Papstes hat etwas Schillerndes. Natürlich sind da, aus dem Orsini-Erbe, die Elemente eines rigorosen Imperialismus, geleitet durch die durchdringende politische Intelligenz des Medici. Das »Prächtige« des Vaters Lorenzo ist aber zum maßlos Breiten, Schwelgerischen, Schäumenden geworden: *»Godiamoci il papato, poichè Dio ci l'ha dato«*, frohlockt dieser Papst nach seiner Wahl: »Da Gott Uns das Papsttum verliehen hat, laßt es Uns denn genießen.«

Dies ist ohne Zweifel der originellste aller Päpste. Der oft geradezu schwarze Humor dieses Mannes ist seltsam verbunden mit einer liebenswerten Güte und Freundlichkeit. All diese Züge kann man an dem großartigen Porträt Raffaels studieren.

Unter dem Regiment Leos ist der Vatikan ein Fürstenhof von unvergleichlichem Glanz. In Tanz und Spiel, Turnier und Jagd, Fest und Genuß toben sich der Verschwender und seine Freunde aus. Höchstes Gaudium des Papstes: wenn die dafür besonders abgerichteten Freß-Sklaven vor den Augen des übersatten Herrschers uferlose Berge von Eiern und Fasanen hinunterschlingen. Zu den festlichen Späßen dieses Papstes gehört, daß er einen poetisch ganz unbegabten hohen kirchlichen Würdenträger so konsequent bearbeitet, bis sich der für einen bedeutenden Dichter hält und um die kapitolinische Dichterkrönung bewirbt: unbeschreibliche Wonne, als der falsche Poet in Purpur und Lorbeer den goldgeschirrten päpstlichen Elefanten besteigt, der dann, von Pauken und Trompeten scheu geworden, den armen Dichter in große Nöte bringt. Dies alles beobachtet der Papst von oben durchs Lorgnon und erlabt seine Seele daran.

Von dem mediceischen Finanzbewußtsein allerdings ist bei Leo absolut nichts mehr zu finden: dieser genießerische Stellvertreter Gottes hat vergeudet, was er besaß. Seine rotsamtne Schatulle, aus der die Goldmünzen unversieglich nach allen Seiten perlten, war allenthalben berühmt und geliebt. Und wäre er nicht zu früh gestorben, »er hätte sich selber, Rom und Christus verkauft«, so lachten die Zeitgenossen.

Die päpstliche Leidenschaft, zu verschwenden, fiel aber auch auf zeitlosen Boden. Den, wie er sagte »musikalischen« Raffael verstand Leo wohl am besten, er förderte ihn nachdrücklich und sinnvoll. Dagegen war die Weise, wie er Michelangelo stützte, zögernd, unstet und auch in der Aufgabenstellung ungücklich: Michelangelos jahrelang erarbeitete Pläne für die Fassade von San Lorenzo blieben unausgeführt.

Als Politiker hat der – hochbegabte – Leo X. kein eigentliches Profil. Zunächst war es ihm vor allem darum zu tun, die Stellung der Familie Medici zu festigen. Als Erzbischof von Florenz setzte er seinen Vetter Giulio (den späteren Clemens VII.) ein, als Regenten von Florenz seinen Neffen Lorenzo, den Sohn der Alfonsina.

Außenpolitisch gelang es Leo durch sein erstaunlich krummes Manipulieren (eine Freude für Machiavelli), durch gleichzeitige Verträge mit dem Kaiser und dem französischen König und ähnliche Schliche immerhin, Italien autark zu erhalten – eine bedeutende, wenn auch gänzlich unmoralisch errungene Leistung.

Die Tragweite des wichtigsten Ereignisses seiner Zeit hat Leo gar nicht wahrgenommen. Nämlich das Phänomen Martin Luther, für dessen kühne Fragestellung Leo das Material lieferte: die von ihm gestützte Ablaßpraxis der Kirche, eine gewissenlose Methode, im Austausch gegen jenseitiges Heil die Kassen zu füllen. Auf die scharfen Thesen des radikalen Mönchs (Wittenberg, 31. Oktober 1517) reagierte der Papst desinteressiert, fast schläfrig. Mit dem Wort »Mönchsgeschwätz!« ging Leo über den Propheten hinweg. Erst 1520 erließ er die berühmte Bannbulle gegen Luther.

Lieber widmete sich Leo der fröhlichen Jagd. Es machte ihm Spaß, mit Jägerhut, Jagdwams und groben Stiefeln seine feinen Würdenträger zu entsetzen.

Im November 1521 beging man im Jagdhaus des Papstes, Magliana, das Fest zum Triumph über Mailand. Er ging vom warmen Kamin zum geöffneten Fenster, um sich die Freudenfeuer anzusehen. Dabei zog er sich eine Lungenentzündung zu, an der er nach zehn Tagen starb.

Giuliano, Herzog von Nemours 1479–1516

(Abb. 72)

Giuliano, Lorenzos des Prächtigen jüngster Sohn, war ein zarter, gegen jeden freundlicher und friedfertiger junger Mann, ein Gegner von Gewalttaten, ein großer Kunstfreund und selbst ein Dichter – einer der beliebtesten Medici. Etwas von seiner müden Schwermut spiegeln die Verse:

... Nur leben! ruft ihr, leben
Und traut euch nicht, dem Tod euch hinzugeben,
Der so getreu von allem doch befreit.
Nein, sterben! Besser, daß ein edler Geist
Statt sehn'den Augs das Ende abzuwarten
Des Fraßes, den er selbst dem Schicksal bietet,
Mit einem Ruck sich seiner Macht entreißt.
Was wißt ihr in des Lebens sonn'gem Garten
Von Qualen, die das Schicksal mir erbrütet!
O, wenn ihr glühet
Gleich mir, euch dünkte schon das Sterngefunkel
Zu blendend, ihr verlangtet tiefres Dunkel.

Die Porträts von Giuliano zeigen melancholische Züge. Giuliano starb 37jährig an Tuberkulose.

Conrad Ferdinand Meyers Gedicht (1882) gibt des Herzogs nachdenklichen und tief melancholischen Ernst wieder:

In einem Winkel seiner Werkstatt saß
Buonarotti, da es dämmerte.
Allmählich vor dem Blicke schwand die Schrift ...
Da schlich sich Giuliano ein, der Träumer,
Der einzige der heitern Medici,
Der Schwermut kannte. Dieser glaubte sich allein,

Er setzte sich, und in der Hand
Barg er das Kinn und hielt gesenkt das Haupt.
So saß er schweigend bei den Marmorbildern,
Die durch das Dunkel leise schimmerten,
Und kam mit ihnen murmelnd ins Gespräch,
Geheim belauscht von Michelangelo:
»Feigheit ist's nicht und stammt von Feigheit nicht
Wenn einer seinem Erdenlos mißtraut,
Sich sehnend nach dem letzten Atemzug.
Denn auch ein Glücklicher weiß nicht was kommt
Und völlig unerträglich werden kann –
Leidlose Steine, wie beneid' ich euch!«
Er ging, und aus dem Leben schwand er dann
Fast unbemerkt. Nach einem Zeitverlauf
Bestellten sie bei Michelangelo
Das Grabmal ihm und brachten emsig her
Was noch in Schilderein vorhanden war
Von Spuren seines Angesichts.
So waren seine Züge, sagten sie.
Der Meister schob es mit der Hand zurück:
»Nehmt weg! Ich sehe, wie er sitzt und sinnt
Und kenne seine Seele. Das genügt.«

Nur ein knappes Jahr lang regierte Giuliano – nach dem Blutbad von Prato – Florenz. Dann wich er, der »all' die Verbrechen verabscheute, durch die weltlicher Ehrgeiz zu Erfolg gelangt« (so schreibt ein Zeitgenosse), seinem Neffen Lorenzo.

In Rom wurde er Führer der päpstlichen Truppen, ein Amt, das seinen soldatischen Fähigkeiten entsprach. Mehr aber liebte er die gehaltvollen Stunden im Kreise von Künstlern und Gelehrten.

Dem fabelhaft geschickten Papst Leo X., seinem Bruder, gelang es, Giuliano mit einer Frau aus königlichem Geschlecht zu verheiraten: der siebzehnjährigen Prinzessin Philiberta von Savoyen. Mit der Eheschließung, ein Jahr vor seinem Tod, erhielt Giuliano den Titel eines Herzogs von Nemours. Man sagte von ihm, er sei klar wie ein Spiegel gewesen, und die Franzosen nannten ihn »la fleur de toute chevalerie«, die Blüte der ganzen Ritterschaft.

Ippolito 1509–1535

(Abb. 75)

Giuliano, Herzog von Nemours, hatte einen natürlichen Sohn, den feinen und begabten Ippolito. Als Giuliano starb, war das Kind sieben Jahre alt. Papst Leo X., Ippolitos Oheim, erzog den Knaben. Er faßte eine große Zuneigung zu diesem wißbegierigen, aufgeweckten Kind. Aber Leo X. starb, als Ippolito 12 Jahre alt war. Jetzt nahm sich Kardinal Giulio, der spätere Papst Clemens VII., seiner an. Er schickte den 15jährigen nach Florenz, wo Ippolito in die Regierung gewählt wurde und dort seine Eignung zum künftigen Oberhaupt der Republik bewies. Drei weitere Jahre lebte er im Palazzo Medici, zusammen mit der kleinen Caterina, der späteren Königin von Frankreich, und mit Alessandro, dem natürlichen Sohne des Papstes Clemens VII., einem hinterhältigen und ausschweifenden Jüngling. Als Papst Clemens, nach der Zerstörung Roms, in der Engelsburg gefangen saß, brach der Groll der Florentiner einmal wieder über die Medici herein, und sie mußten ein zweites Mal unter Lebensgefahr fliehen. Ippolito zog in der Welt umher und kam erst im Jahre 1528 zurück nach Rom, als es Papst Clemens nach seiner Flucht aus der Engelsburg gelungen war, mit List und Tücke wieder festen Boden unter den Füßen zu bekommen, um ehrgeiziger als je nach Macht für sich und die Medici zu streben.

Ippolito war unterdessen zu einem schlanken, schönen jungen Mann herangewachsen, der hohe Bildung und großes Wissen erworben hatte und wegen seines edlen Charakters sich überall größter Beliebtheit erfreute. Er war mit Leib und Seele Soldat und hatte keinerlei Sympathien für die Geistlichkeit, unter der er groß geworden war. Doch zwang ihm der Papst den Kardinalshut auf. Für Clemens VII. waren alle Menschen nur Mittel zum Zweck seines politischen Machtstrebens. Sein Plan war, Ippolito beiseite zu schieben. Er sandte also den jungen Kardinal nach Ungarn und setzte als Oberhaupt über Florenz – wofür Ippolito vorgesehen war – seinen eigenen Sohn Alessandro ein. Als Ippolito entdeckte, wie er um Erbe und Position betrogen war, veränderte sich sein Wesen. Er wurde dunkel und schweigsam. Bezeichnend ist für ihn, daß er dennoch nach dem Tod des verhaßten Clemens nach Rom reiste, um den Leichnam des Papstes gegen schändende Überfälle zu bewahren.

Als die Florentiner von Ippolitos Rückkehr erfuhren, sandten sie ihn in geheimem Auftrag zu Kaiser Karl V., ihn um Hilfe zu bitten gegen Alessandros grausames Regime. Auf dem Wege wurde Ippolito, 26jährig, durch einen von Alessandro gedungenen Mörder vergiftet. Dieser rettete sich vor Ippolitos Begleitern zunächst in den Palast des Herzogs; bei seiner Rückkehr in die Heimat aber wurde er von der empörten Bevölkerung gesteinigt.

So starb Ippolito, der mit seinem hochfliegenden Geist würdig in der Reihe der Ahnen bestanden hätte, glücklos und früh. Seine Schwermut drückt sich aus in den Versen:

Wer Pein erleidet, liebt's, nach Trost zu gehen
Bei fremder Pein, die gleiches hat gelitten,
So ich Versengter in des Feuers Mitten!
Aus Trojas Brand ließ ich mir Kühlung wehen,
Denn nichts hat dort der Hellespont gesehen,
Das nicht zu gleicher Qual in mir gestritten,
So heiß die Not, so fühllos meinen Bitten
Der Feind – ich singe – was mir selbst geschehen.
Weil meine Klagen ungehört verhallen
Und kein Erbarmen mich verstehen will,
Muß der Gesang zum Sinnbild sich gestalten.
Im Brand von Troja brennen meine Gluten,
Und meine Wunden sind's, die heiß und still
In allen Wunden der Trojaner bluten.

Übersetzung von Isolde Kurz

Lorenzo, Herzog von Urbino 1492–1519

(Abb. 77)

Es war die zähe Alfonsina Orsini, der es allem Anschein nach gelang, den »guten« Giuliano, ihren Schwager, aus der Regentschaft über Florenz zu vertreiben und diesen Platz für ihren Sohn Lorenzo zu sichern.

Lorenzo war zwar ebenso labil wie Giuliano, aber an die Stelle von Giulianos verträumter Gutmütigkeit trat bei Lorenzo eine blinde Arroganz und eine wildexzentrische Lebensführung.

Nicht ohne eine gewisse Reserve räumte Leo dem 21jährigen Neffen die Machtstellung ein. Er versah ihn mit scharfumrissenen politischen »Instruktionen«, eigentlich Befehlen. Leos wichtigstes Anliegen war, die Florentiner durch allerlei Volksbelustigungen, durch *panem et circenses*, Brot und Spiele, wieder uneingeschränkt für die Medici zu gewinnen. Lorenzo, für diese Aufgabe wie geschaffen, führte sie auch in breitestem Stil durch. Bald aber erlag er der Fülle von Versuchungen, die damit verbunden waren.

Alfonsina Orsini hatte mit der Position ihres Sohnes nicht genug. Sie trieb den Papst in seine fatalste Unternehmung*: in einen Kleinkrieg gegen den Herzog von Urbino – nur damit sich dann Lorenzo mit diesem Herzogsnamen schmücken könne.

Leo besorgte seinem Neffen zwar auch den blutig erkämpften Titel. Aber er disqualifizierte damit sein Papsttum vor aller Augen.

Lorenzo wurde im Laufe der Jahre immer haltloser. Das machte ihn sehr rasch nach allen Seiten verhaßt. Der unaufhaltsame Niedergang verdüsterte sein Gemüt; er wurde menschenscheu und suchte die Einsamkeit. Er starb mit 27 Jahren, einen Monat nach der Geburt seines einzigen Kindes Caterina, kurz nach dem Tod seiner Frau Madeleine de la Tour d'Auvergne.

Im Auftrag von Clemens VII. schuf Michelangelo in den Jahren 1520–1534 die Grablege für die beiden unechten Herzöge Giuliano und Lorenzo in der Neuen Sakristei in San Lorenzo – eins der menschlich wie künstlerisch bewegendsten weitestgespannten Kunstwerke überhaupt.

Michelangelo hält sich allerdings nicht bei den Physiognomien der beiden Herzöge auf. Die flüchtige *persona* weit übersteigend, rückt er sie in die Sphäre der Ideen. An die Stelle von Porträts setzt Michelangelo allgemeingültige Phänomene: die Tat – das ist der aus dem Sitzen zum Sich-Erheben gesammelte, von einem dichten, energischen Tempo ergriffene Kämpfer, und die Betrachtung – das ist der eigenartig versunkene, überschattete, mit einer gemessenen Kraft der Ruhe geladene Denker. Es ist fast gleichgültig, welchem der beiden Herzöge man die eine und die andre Skulptur zuordnet.

Was die zu Füßen der »Geist-Porträts« lagernden Figuren, die voll rätselhafter Gewalt wie Naturereignisse sind, eigentlich bedeuten, hat in Wirklichkeit noch niemand bestimmt sagen können.

Michelangelo, nach dem Sinn dieser Skulpturen gefragt, antwortete verschlüsselt: »Die Zeit, die alle Dinge verzehrt.« Es ist üblich geworden, die zum Porträt

* Leo hatte schon früher seinen Bruder Giuliano (Herzog von Nemours) auf Alfonsinas Drängen aufgefordert, Urbino zu erobern; Giuliano, der in Urbino jahrelang Gastfreundschaft genossen hatte, lehnte aber den Eroberungszug ab.

der Tat gehörigen Figuren als *Nacht* und *Tag* anzusprechen, die zum Porträt der Betrachtung gehörigen als *Abend* und *Morgen*. Andere Deutungen, etwa im Sinn der Lebensabschnitte oder der Zeitalter, sind ebenso denkbar.

Madeleine de la Tour d'Auvergne, die Gemahlin Lorenzos, des Herzogs von Urbino † 1519

(Abb. 78)

Hinter der Ehe Lorenzos mit der jungen Madeleine, einer Prinzessin von Bourbon, steckt wiederum der schlaue Diplomat Papst Leo X.

Die schöne Madeleine, eine Verwandte des französischen Königs Franz I., war wegen ihres heiteren Wesens und ihrer kindlichen Anmut am französischen Hofe von allen geliebt. Die Hochzeit wurde im Jahre 1518 am französischen Hofe gefeiert, zugleich mit der Taufe des Thronfolgers, des Dauphins Heinrich, des ältesten Sohnes Franz' I. Die Festlichkeiten dauerten einen ganzen Monat und wurden mit nie erlebter Prachtenfaltung begangen. Damit endete aber auch Madeleines sorgloses, beschwingtes Leben.

Ihr Unglück war die Ehe mit Lorenzo. In dem erdrückend reichen und weiträumigen Medici-Palast lebte sie ein Jahr lang neben dem von der Schwermut verfinsterten Lorenzo her. Einst so lebensfroh, führte sie ein einsames, stilles Leben in Erwartung ihres Kindes. Vierzehn Tage nach der Geburt der Tochter Caterina starb Madeleine de la Tour d'Auvergne an dem Leiden, das ihr der Gatte übertragen hatte, der ihr bald in den Tod folgte.

Caterina war die letzte Repräsentantin der älteren Medici-Linie. Sie erreichte als Königin von Frankreich den höchsten weltlichen Rang, der einem Medici zuteil wurde. Kühl, gescheit, diszipliniert und verschlossen, war sie von den Franzosen ihr Leben lang verhaßt: »die italienische Krämerstochter«.

Clemens VII. 1478–1534

(Abb. 65, 68)

Als der geniale und noble Giuliano, der Bruder Lorenzos des Prächtigen, im Dom von Florenz ermordet worden war, drang zu Lorenzo die Nachricht, in der Nähe von Florenz wohne ein Mädchen, Fioretta, Mutter eines Sohnes von Giuliano.

Lorenzo nahm das Kind, es war nur wenige Monate alt, in seiner Familie auf und ließ es erziehen. Es ist Giulio, genannt »der Bastard«, der spätere Papst Clemens VII.

Giulio war ein ungewöhnlich scharfsinniger und ungewöhnlich kalt berechnender Kopf. Seiner großen, schlanken Erscheinung ist etwas Hartes, Verschlossenes eigen. »Er penetrierte die schwierigsten Angelegenheiten und sah ihnen bis auf den Grund: man konnte niemanden mit größerer Gewandtheit diskurrieren hören.« (Leopold von Ranke)

Leo X. ernannte seinen Vetter zum Kardinal und zu seinem persönlichen Berater in Dingen der Verwaltung – ein nüchterner, umsichtiger, listiger Ratgeber hinter dem Stuhl Petri, wie ihn Raffael auf seinem Porträt Leos X. dargestellt hat. Leo X., der ein bequemes Leben liebte, überließ die unangenehmeren Beschlüsse und schwierigen Finanzgeschäfte stets ihm.

Giulio, ein Meister der Intrige, tat nach Leos Tode (1521) selbstverständlich alles, das Pontifikat an sich zu reißen; das Konklave wählte aber, zu seinem größten Ärger, einen weisen, echt frommen und, was die Stunde so brennend verlangte, wirklich reformwilligen Mann, den Niederländer Hadrian VI. Hadrian starb ein Jahr nach seiner Wahl an Gift. »Wenn überhaupt eine Chance gegeben war, die Einheit der Kirche zu retten, so zerrann sie mit Hadrians frühem Tod.« (Wucher).

Diesmal gelingt es dem »Bastard«, das korrupte Konklave endlich für sich zu gewinnen. Er wird Papst am 19. November 1523. Schon gleich mit seiner Wahl verbindet sich eine Affäre: Ein Kardinal (Piero Orlando), der gewettet hat, Giulio könne seiner Abstammung wegen keinesfalls Papst werden, weigert sich, für die verlorene Wette zu bezahlen; der geprellte Sieger wendet sich an das »Hohe Gericht der Acht« in Florenz – Orlando wird verhaftet, verhört, zum Tod verurteilt, schließlich begnadigt.

Clemens, vollständig auf die kommerzielle und machtpolitische Kehrseite seines Amtes konzentriert, ist – wie auch Leo X. – für die eigentlichen geistlichen Probleme, die durch die fortschreitende lutherische Reformation im schärfsten Brennpunkt stehen, absolut inkompetent. Er hat weder irgendein Verständnis für Reformideen, noch irgendein Interesse an einem Konzil, das ihn ja womöglich wegen seiner Abstammung in Gefahr bringen könnte.

Während dieser schwersten, folgenreichsten Krise der katholischen Kirche sitzt im Vatikan ein Mann, den die wesenhafte christliche Aufgabe seines Amtes nichts angeht.

Engagiert ist Clemens an dem fortgesetzten zerstörerischen und blutigen Streit der europäischen Mächte, von dem er, als der radikal treulose, verräterische Dritte zu profitieren hofft: Er schürt da, vermittelt dort, verspricht da, hält dort hin – solange, bis das Wort des Papstes sein Gewicht endgültig verloren hat.

Eines Tages jedoch rächt sich das halsbrecherische Spiel, das Clemens spielte. Karl V., der spanisch-österreichische Kaiser, vom Papst wieder einmal durch Vertragsbruch betrogen, gewann die einflußreiche römische Familie Colonna für einen Überfall auf den Papst, vor dem Clemens in die Engelsburg flüchten mußte. Gegen scharfe Bedingungen, für deren Einhaltung der Papst Geiseln zu stellen hatte, wurde er freigelassen. Selbstverständlich überließ Clemens die Geiseln, kaum war er frei, ihrem unseligen Schicksal und hielt sich an keine der eingegangenen Verpflichtungen – die Perfektion des Verrats im Sinn Machiavellis: »Der weise Herrscher darf sein Versprechen nicht halten, wenn es ihm Schaden bringen könnte.« (Il Principe).

Den neuen Vertragsbruch ließ Karl dadurch entgelten, daß er seiner abenteuerlich brutalen deutschen und spanischen Soldateska nichts in den Weg legte, Rom auszuplündern (ein ausdrücklicher Befehl des Kaisers lag nicht vor). Rom muß bei diesem Ereignis, dem »Sacco di Roma«, alle Phasen des Schreckens kennengelernt haben: Es war »das höllische Grauen selbst«, berichtet Benvenuto Cellini *(infernalità crudele)*.

Kaum erfuhr man in Florenz von der Niederlage des Medici-Papstes, da wartete die Familie Medici nicht mehr ab, bis sie ein drittes Mal aus den Mauern von Florenz verjagt würde, sie machte sich heimlich aus dem Staube.

Unversehrt blieb wiederum Clemens: durch einen unterirdischen Gang war er in die Engelsburg geflohen. Nicht das Schicksal der Römer, aber der Machtverlust in Florenz traf ihn tief. Nach sieben Monaten gelang es ihm, als Bettler verkleidet zu entkommen.

Mit dem akrobatischen Trick, Karl V. feierlich zum Deutschen Kaiser zu krönen (Bologna, 1529), gewann er ihn tatsächlich zu einem Feldzug gegen Florenz. Nach der blutigen Unterwerfung seiner Vaterstadt setzte er seinen (vermutlichen) Sohn, Alessandro den »Mulatten«, als Herzog über Florenz ein, ihm zur Gemahlin gewann er die damals gerade elfjährige Tochter des Kaisers, Margherita.

Nachdem Clemens sein Ziel erreicht hatte – Florenz war eine Diktatur unter mediceischer Herrschaft –, verriet er wiederum den Kaiser und verbündete sich heimlich mit Frankreich: er gab die vierzehnjährige Caterina de' Medici dem späteren französischen König Heinrich II. zur Frau (Marseille, 1533) und versprach ihm das Herzogtum Mailand, sobald er es (mit päpstlicher Hilfe gegen den Kaiser) erobert haben würde.

Mitten in diese Piratenpläne brach das für Clemens' Pontifikat gewichtigste Ereignis.

Heinrich VIII. von England wollte die schöne Anna Boleyn, die er später hinrichten ließ, heiraten und begehrte deshalb die Auflösung seiner Ehe mit Katharina von Aragon. Hierzu brauchte er den Segen des Papstes. Clemens ließ ihn – politisch zeitweilig nicht auf ihn angewiesen – warten. Heinrich antwortete mit der Lossagung der englischen Kirche von Rom – für Clemens ein schwerer Schlag, denn die englischen Kirchengelder hatten seine Kasse gefüllt.

Der letzte Akt dieses »unheilvollsten aller Päpste« (Leopold von Ranke) war der – wirkungslose – Bannfluch auf den englischen König. Über den Tod des Papstes Clemens VII. weinte niemand. »Groß war der Jubel in Rom«, berichtet ein Zeitgenosse, »nur den bittersten Haß fühlte ein jeder gegen den verstorbenen Papst – einen Haß, den der Tod nicht abschwächen konnte, der sich immer wieder in nächtlichen Überfällen auf die Gruft äußerte. Einmal wurde die Leiche mit einem Schwert durchbohrt.«

Alessandro, Herzog von Florenz 1511–1537

(Abb. 81)

Es ist fast sicher, aber nicht konkret nachweisbar, daß Alessandro, den Papst Clemens VII. am 5. Juli 1531 als Herzog über Florenz einsetzte, der Sohn des Papstes war – und zwar wie die Gerüchte überliefern, von einer maurischen Sklavin. Ausgegeben wurde er meist als der natürliche Sohn Lorenzos, Herzog von Urbino.

Allgemein nannte man ihn den »Mulatten«. Seine dunkle Hautfarbe, die wulstigen Lippen und das krause Haar, dazu der schurkisch hinterhältige Charakter: dies alles bewirkte, daß man ihn im Volk als ein Monstrum fürchtete.

Politisch gesehen war Alessandro ein absoluter Analphabet. Die Motive, die sein Handeln bestimmten, waren Prunksucht, rettungslose Getriebenheit und Verfolgungswahn. Kaum war er Herzog von Florenz, befahl er bei furchtbarer Strafe die Ablieferung aller Waffen – und zog sich damit sogleich den tiefen Haß der freiheitliebenden Florentiner zu.

Zur Empörung des Volkes ließ er im Norden der Stadt die gewaltige Zwingburg Alessandra (Fortezza da Basso) errichten, deren Mauern heute noch stehen.

Sechs Jahre lang war es Alessandro erlaubt, der Alptraum der florentiner Frauenwelt zu sein. Vor Nonnenklöstern machte er nicht halt. Seine Umgebung war haltloses Gesindel, das auch zu morden bereit war, wenn es der Herzog wollte. Seine Braut Margherita hatte offenbar keinen Einfluß auf dieses Verbrecherleben.

Der engste Gefährte auf seinen Wegen war ein Verwandter aus der jüngeren Medici-Linie, Lorenzino. Von einem Todesurteil des Papstes verfolgt, hatte er bei Alessandro Schutz gesucht und fand nun an den Orgien des Herzogs Gefallen. Natürlich mußte eine solche Freundschaft irgendwann in ihr Gegenteil umschlagen.

Lorenzino wußte am besten, in welche Falle Alessandro zuverlässig gehen würde. Er bot ihm eine Nacht bei der schönen Laudomia, seiner Schwester; statt des Mädchens aber kamen Lorenzino und ein Mordgehilfe herein. Die Leiche des Herzogs wurde erst 24 Stunden später entdeckt und soll in der Eile kurzerhand in die Gruft Lorenzos, des Herzogs von Urbino, gelegt worden sein.

Lorenzino, ursprünglich Alessandros Genosse, hat sich später in seiner »Apologia« als der florentinische Brutus seines Tyrannenmordes eifrig gerühmt. Die Gestalt Lorenzinos war immer umstritten. Die »Apologia« wird heute als eines der schönsten Werke in italienischer Sprache hoch geschätzt. Auch Lorenzino fiel durch Mörderhand. Der Nachfolger Alessandros, der Großherzog Cosimo, ließ ihn umbringen, da er in ihm einen Thronprätendenten sah.

Margherita von Österreich-Parma, die Gemahlin Alessandros 1522–1586

(Abb. 82)

Margherita – natürliche Tochter Kaiser Karls V. – wurde in ihrem fünfzehnten Lebensjahr dem »Mulatten« Alessandro angetraut. Die elf Monate in der Nähe dieses Gewohnheitsverbrechers dürften das Trauma ihres Lebens geblieben sein.

Nach Alessandros Tod floh Margherita zunächst in die von ihm erbaute Festung nördlich Florenz (Fortezza da Basso), dann suchte sie Rat beim Papst.

Paul III., ein gebürtiger Farnese, verheiratete die sechzehnjährige Margherita mit seinem vierzehnjährigen Enkel Ottavio Farnese – auch dies eine unglückliche Ehe.

Margherita ist als Statthalterin der Niederlande in die Geschichte eingegangen. Ihr Bruder Philipp II. von Spanien berief sie in dieses Amt. Philipp II. verfolgte, in Zusammenarbeit mit der Inquisition, die Ketzer mit Folter, Feuer und Schwert. Margherita tat ihr möglichstes, um das Los der Niederländer zu erleichtern. Als Herzog Alba und sein spanischer »Blutrat« im Auftrage Philipps das Land mit grausamer Verfolgung heimsuchten, dankte Margherita ab. Das niederländische Volk sah sie ungern scheiden, denn sie war großherzig und verständnisvoll und litt mit den verängstigten, wegen ihres Glaubens unbarmherzig verfolgten Menschen des ihr anvertrauten Landes. Sie zog sich auf ihre Besitzung nach Parma zurück, wo sie im 65. Lebensjahr starb. Goethe hat sie als »Margarete von Parma« in seinem »Egmont« zu einer Gestalt von subtilem geistigen Adel verklärt.

4 Der letzte Stern der Medici

In der jüngeren Linie der Medici folgen auf Giovanni di Bicci – den allen gemeinsamen Ahnherrn – vier Generationen, bis die fünfte, nachdem der letzte Sproß der älteren Linie, Alessandro, ermordet ist, die Herrschaft über Florenz antritt.

In der Gestalt Cosimos I. (des späteren Großherzogs) erreicht die politische Bedeutung der Medici einen letzten, eindrucksvollen Gipfel. Cosimo I. ist, nach Lorenzo dem Prächtigen, der wichtigste Regent mit dem Namen Medici.

Seine Geistesart hat mit der mediceischen – wie sie bei Cosimo dem Alten und Lorenzo dem Prächtigen zu studieren ist – kaum mehr eine innere Verwandtschaft. Nur äußerlich sind Parallelen zu finden: in einem großzügigen Mäzenatentum, das jedoch von einer ganz anderen Gesinnung geleitet ist.

Das Leben dieses genialen, sehr zwielichtigen Mannes ist eine Kette brillanter Erfolge und zugleich von düsterer Tragik.

Cosimo I., Großherzog von Toscana 1519–1574

(Farbt. 14; Abb. 93)

Zunächst einige Streiflichter auf die Geschichte des Geschlechts, aus dem Cosimo stammt.

Die jüngere Medici-Linie hat in der dritten Generation nach Giovanni di Bicci den Adelstitel abgelegt, um in der republikanischen Volksvertretung wählbar zu sein, und, aus einem gewissen Protest gegen den monarchischen Stil Lorenzos des Prächtigen, den bürgerlichen Namen »Popolano« angenommen.

Unter den beiden Brüdern Popolano, die ihr möglichstes unternahmen, die ältere Medici-Linie (in Piero dem Unglücklichen) zu Fall zu bringen, war es

Giovanni, der im Jahr 1497 – als Piero in tiefem Elend lebte – die Herzogin Caterina Sforza heiratete. Er war ihr dritter Mann. Der harte, kriegerische Charakter der Sforza, der sich nun mit der mediceischen Wesensart mischte, bleibt auch für Caterinas Enkel, Cosimo I., bestimmend.

Von der leidenschaftlich kühnen Caterina Sforza (1462–1509) erzählte man sich schon zu ihren Lebzeiten abenteuerliche Episoden. Maßlos in Liebe und Haß rächte sie die Ermordung ihrer beiden ersten Gatten: nicht nur die Frauen und Kinder der Mörder ließ sie töten, sie machte auch vor den weiteren Mitgliedern der Sippe nicht halt, wo sie ihrer habhaft werden konnte. Mit dem Schwert in der Rechten kämpfte sie für ihre Burg und für ihre Städte Forlì und Imola – und unterlag schließlich ihrem erbittertsten Feind, den sie als Freier abgewiesen hatte: Cesare Borgia.

Einige Jahre saß Caterina in einem lichtlosen Kerker gefangen, bis sie der Papst unter dem Druck der Franzosen freigeben mußte. Zurückgezogen lebte sie noch wenige Jahre in Florenz, sich ganz der Erziehung des Sohnes widmend. Aus ihm, Giovanni »delle Bande Nere« (so genannt als Anführer der Reiterschar in schwarzer Rüstung), machte sie einen Krieger von eherner Zucht, der ihr höchster Stolz war: »Ganz Feuer, Waffen und Pferde«, jubelte die Mutter über das soldatisch geschliffene Kind.

Mit Giovanni delle Bande Nere (die berühmte schwarze Rüstung kann man heute im Museo Stibbert sehen) hatte es dessen liebenswerte Frau Maria Salviati nicht leicht. Ihr, einer Enkelin Lorenzos des Prächtigen, graute vor dem Lebensstil des unablässig kriegführenden und auch in persönlichen Dingen wenig zimperlichen Mannes. »Dein verzweifeltes Weib empfiehlt sich dir, in Tränen aufgelöst«, so und ähnlich schließen ihre Briefe.

Als Giovanni delle Bande Nere an den Wunden starb, die ihm frundsbergische Landsknechte zugefügt hatten, war sein Vermögen durch die fortgesetzten Kriegszüge völlig aufgezehrt. Maria war damals 27 Jahre alt.

Soviel zu Cosimos Herkunft.

Der siebzehnjährige Cosimo handelt gegen den Willen seiner Mutter, als er die Pause der Unsicherheit nach dem Tod Alessandros ungemein geschickt nutzt (zunächst größte Bescheidenheit und republikanische Vorsicht mimend), um sich in die Macht über Florenz zu setzen. Natürlich macht er, von beiden Linien her Medici, dabei auch eine Art traditionellen Anspruchs geltend.

Im Unterschied zu seinen staatmännisch gestaltlosen Vorgängern kommt er mit einem klaren, perfekten politischen Konzept; das ist seine Bedeutung. Aber: dieses Konzept ist das eines Diktators.

Mit gnadenloser Härte macht er, unmittelbar nach seiner Wahl, zuerst einmal »reinen Tisch« – alle, die ihm unbequem sind, darunter auch der ihm nah verwandte Filippo Strozzi, werden verhaftet, gefoltert, umgebracht oder ins Exil geschickt. Den wenige Monate nach seiner Machtergreifung geführten Krieg gegen die (von französischer Seite unterstützten) Verbannten gewinnt Cosimo – mit kaiserlicher Hilfe – fast zufällig; die folgende Serie von Hinrichtungen ruft jene allgemeine Einschüchterung hervor, die ihm volle Ellbogenfreiheit verschafft.

Um ohne zeitraubende Widerstände arbeiten zu können, besetzt Cosimo alle Ämter mit subalternen Leuten, die seinem Wink willig gehorchen. Nun entfaltet er seine ohne Zweifel großartige Fähigkeit als Verwaltungsmann.

Mit eiserner, planmäßiger Arbeit gelingt es ihm, das durch langjährige Mißwirtschaft verödete Land wieder zur Blüte zu bringen. Sümpfe werden trockengelegt und angebaut, Silberbergwerke und Marmorbrüche erschlossen, Obstplantagen, Straßen, Häfen, Kanalisationen neu angelegt. So erhebt Cosimo die Toscana allmählich zu einem regelrechten Musterstaat – und erweitert zudem das Gebiet fast ums Doppelte.

Auch außenpolitisch hat Cosimo, im genauen Gegensatz zu seinen Vorgängern, eine einfache, klare Linie. Er bricht mit der traditionellen florentinischen Freundschaft mit Frankreich und steht während seiner ganzen Regierungszeit verläßlich auf der Seite des Kaisers. Durch militärische und vor allem finanzielle Hilfe versteht er es, den Kaiser an sich zu binden.

In seiner entscheidenden juristischen Position kennt Cosimo keine Gnade. Es gehört zu seinem strikten Denken, daß er nie verzeiht – das wäre ja wider die objektive Gerechtigkeit. Als echter Diktator kennt Cosimo nur seine eigene Meinung, sie erhebt er zum Prinzip.

Cosimos Mäzenatentum ist exakt eingebaut in sein geschlossenes Denksystem. Kunst ist nützlich, Kunst ist politisches Prestige. Der Palazzo Pitti – den Cosimo von der Familie Pitti erwirbt und für seine Gemahlin großartig vollenden läßt – ist das Zentrum des geistigen und künstlerischen Lebens.

Cosimo gründet im Palazzo Pitti die berühmte Gemäldegalerie; einen wesentlichen Teil der durch die Plünderung des Palazzo Medici weit zerstreuten Kunstschätze kauft er zurück; er beginnt eine Sammlung etruskischer Werke aufzubauen (die, von Cosimos Nachfolgern fortgeführt, heute zu den bedeutendsten Stätten etruskischer Kunst gehört).

Auf Cosimo I. geht auch das großzügige, von Vasari geschaffene Bauwerk der Uffizien zurück, in dem er die vielen städtischen Ämter zu einem zentralen Magistrat zusammenfaßt. Kurz: unter Cosimo I. erlebt Florenz seinen letzten künstlerischen Aufschwung, unter Cosimo I. ist Florenz noch einmal kultureller Mittelpunkt Italiens.

Als Regent stellte Cosimo sein Leben ganz in den Dienst des allgemeinen Wohlergehens und seiner persönlichen Machtentfaltung. Im privaten Leben aber wurde er vom Unglück verfolgt.

Nach vergeblichem Werben um die Witwe des ermordeten Alessandro, die junge Margherita, heiratete Cosimo 1539 die Tochter des Vizekönigs von Neapel, Eleonora von Toledo. Sie brachte eine sehr umfangreiche Mitgift in die Ehe, die ihm sein imposantes Auftreten, sein Planen und Bauen ermöglichte.

Eleonora schenkte acht Kindern das Leben. Maria, das älteste Kind, stirbt mit achtzehn Jahren. Francesco, das zweite, Cosimos Nachfolger in der großherzoglichen Position, stirbt 46jährig, gleichzeitig mit seiner Frau, eines mysteriösen Todes. Isabella, das dritte Kind, heiter und begabt, wird im Alter von 34 Jahren von ihrem Gatten erwürgt, weil sie seiner Liebe zu einer andern Frau im Wege steht. Giovanni, das vierte Kind, 18 Jahre alt und schon Kardinal, und der 14jährige Garzia, das sechste Kind, Liebling der Eltern, sterben wenige Tage nacheinander am Sumpffieber. Lucrezia, deren Charme besonders hervorgehoben wird (fünftes Kind), heiratet 16jährig und stirbt im nächsten Jahr am Kindbettfieber, Ferdinando, das siebente, übernimmt nach Francescos Tod die Regierung und wird sechzig Jahre alt. Pietro, das achte Kind, ist ein Psychopath, quält seine Frau und tötet sie schließlich aus Eifersucht, flieht nach Spanien, wird dort im Streit erstochen.

Fast alle diese Geschickte, die in einem kranken Gehirn erdacht sein könnten, hat Cosimo noch erlebt. Der tiefste Einbruch aber war der Tod seiner noch nicht 40jährigen Frau, die er mit einer ihm eigenen grimmigen Leidenschaft geliebt hatte. Cosimos Gegner ergriffen die Gelegenheit, ihm durch finstre Gerüchte in Mißkredit zu bringen: man stempelte Cosimo zum Mörder seiner Gemahlin und seines Sohnes Garzia; und da Cosimos oft grausamer Charakter bekannt war, glaubten viele (bis herein in die moderne Geschichtsschreibung) diesen Gerüchten. In Cosimos Briefen an seinen Sohn Francesco findet man die Krankheitsgeschichte seiner Familie in allen Einzelheiten dargestellt; der natürliche Tod der Familienangehörigen steht heute außer Zweifel.

Das Unglück, das über Cosimo hereinbrach, veränderte ihn. Seiner Anlage entsprechend wurde er immer starrer und düsterer. Dazu kam das alte Familienübel, die schwere Gicht. Ebenso wie das Gemüt verhärtete sich auch – besonders nachdem der besänftigende Einfluß seiner Gattin fehlte – Cosimos Machtwille.

Eins seiner Ziele war der Titel des Großherzogs. Tatsächlich ließ er sich am 8. März 1570 von dem – dafür nicht kompetenten – Papst in der Peterskirche zu Rom unter ungeheurem Prachtaufwand zum Großherzog krönen (der Kaiser hatte die Ernennung abgelehnt). Cosimo, in einem Sessel getragen, verkrümmt und von Schmerzen gepeinigt, konnte sich des späten Triumphes nicht mehr erfreuen.

Die Familie Medici rückte mit diesem Ereignis in die Reihe der europäischen Dynastien ein, achtzig Jahre nachdem der Urahn Giovanni di Bicci als bedeutender Bankherr politisches Ansehen und Macht in Florenz erworben hatte.

Ein Jahr nach seiner Krönung übergab Cosimo, 52jährig, im Gemüt gebrochen, auch des Verstandes nur noch mit Unterbrechungen mächtig, alle Staatsgeschäfte seinem Sohn Francesco.

Dem einst soldatisch strengen, disziplinierten Mann unterliefen im Alter eigenartige Fehlhandlungen. So erdolchte er, in einem plötzlichen Wutanfall, einen seiner Untergebenen wegen eines längst verjährten, Persönliches betreffenden Verrats. Drei Jahre vor seinem Tod heiratete Cosimo ein junges, frivoles und nur auf den eigenen Vorteil bedachtes Mädchen aus dem Volk, Camilla Marelli, »um sie und sich aus der Sünde zu retten«.

Cosimos Kinder aus erster Ehe erklärten die zweite Bindung des Vaters für ungültig, da er bei diesem Schritt »nicht bei Verstand« gewesen sein könne, und sperrten Camilla nach Cosimos Tod auf Lebenszeit in ein Kloster, eine für damalige Begriffe milde Rache.

Die Epigonen

Die auf Cosimo I. folgenden Generationen haben an geistigem und politischem Profil immer mehr verloren. Eine wachsende Degeneration nahm dem Geschlecht Substanz und Tiefe.

Die Familie de' Medici erlosch im männlichen Stamm mit dem Großherzog Gian Gastone de' Medici 1737, im weiblichen 1743 mit Anna Maria Ludovica, der Gemahlin des Kurfürsten von der Pfalz Johann Wilhelm, genannt Jan Wellem, mit dem sie in Düsseldorf lebte.

Auch die spätesten Epigonen führten die hohe Tradition des Mäzenatentums weiter, sie standen in lebendigem Kontakt mit den künstlerischen und geistigen Bewegungen der Zeit und bauten die kostbare mediceische Kunstsammlung aus – so auch die letzte des Geschlechts, Ludovica. Nach dem Tode ihres Gemahls, des Kurfürsten Jan Wellem, kehrte sie nach 25jähriger Abwesenheit nach Florenz zurück. Dem Ehevertrag entsprechend brachte sie ihre reiche Kunstsammlung mit und vermachte sie schließlich zusammen mit den Sammlungen der Familie Medici der Stadt Florenz.

Wappen der Medici von 1373 und 1465

Die Künstler der Renaissance und ihre Werke in Florenz

Eine chronologische Übersicht mit 60 Bildbeispielen

Abkürzungen
A = Architekt
B = Bildhauer
M = Maler

1 Die Künstler zu Beginn der Renaissance in Florenz während des Lebens von Giovanni di Bicci de' Medici († 1428) und Cosimo dem Alten († 1464)

Gentile da Fabriano M 1370–1427

Anbetung der Könige 1423 Auf der Predella u. a.: »Geburt Christi« *(s. Abb. 115)*	Uffizien
Vier Heilige	Uffizien

Bicci di Lorenzo M 1373–1452

Fresken aus dem Leben der hl. Cäcilie Altarraum	S. Maria del Carmine

Filippo Brunelleschi A B 1376–1446

Grabmal mit seiner Büste von Buggiani im Dom

Altarkreuz aus Holz 1401	S. Maria Novella
Das Opfer Isaaks Relief aus dem Wettbewerb um die Bronzetüren des Baptisteriums 1402/3 *(s. Abb. 116)*	Bargello
Domkuppel 1420–1434 *(s. Farbt. 10; Abb. 2, 37)*	Dom
Palazzo della Parte Guelfa Umbau Später von Francesco della Luna vollendet 1418–1431	Piazza di Parte Guelfa
Vorhalle des Findelhauses (Ospedale degli Innocenti) 1421–1424	Piazza SS. Annunziata
Alte Sakristei 1421–1428 und Ausbau der Kirche S. Lorenzo mit Chorkapellen *(s. Abb. 27)*	S. Lorenzo
Pazzi-Kapelle 1430–1446 *(s. Abb. 59)* Kreuzgang Tür zur Sakristei des Klosters	S. Croce
Kirche S. Maria degli Agnioli Ab 1433 (Heute S. Frediano in Cestello)	Piazza Cestello
Kirche S. Spirito 1436–1446	Piazza S. Spirito
Palazzo Pitti *(s. Abb. 94, 95)*	Via de' Guicciardini
Palazzo Pazzi	Via del Proconsolo 10
Kirchturm des Klosters	S. Marco

Lorenzo Ghiberti B 1378–1455

Grabstein in S. Croce zwischen dem 4. und 5. Altar im linken Seitenschiff

Bronzerelief Wettbewerb f. d. Baptisterium 1402	Bargello
Bronzetür Nordportal 1403–1424 *(s. Abb. 117)*	Baptisterium
Bronzetür Ostportal 1425–1452 *(s. Abb. 35)*	Baptisterium
Johannes der Täufer Außenfigur Ostseite 1414	Or San Michele
Hl. Matthäus Außenfigur Westseite 1419–1422	Or San Michele
Hl. Stephanus Außenfigur Westseite 1426	Or San Michele
Grabplatte des Leonardo Dati Rucellai-Kapelle 1423	S. Maria Novella
Bronzeschrein mit Reliefs aus dem Leben des hl. Zenobius Apsis des Doms 1432–1442	Dom

Nanni di Banco B 1383–1421

Märtyrerstatue 1408 Außenfigur Nordseite	Or San Michele
Hl. Philippus 1408–1413 Außenfigur Nordseite	Or San Michele
Hl. Eligius 1415 Außenfigur Westseite *(s. Abb. 118)*	Or San Michele
Jesaiasstatue Rechtes Seitenschiff	Dom
Die Jungfrau reicht dem hl. Thomas den Gürtel An der Porta della Mandorla 1414–1422	Dom
Hl. Lukas Sitzfigur Marmor	Dommuseum

Masolino (Tommaso di Cristoforo Fini) M 1383–1447

Versuchung Adams und Evas Fresko 1423 Brancacci-Kapelle	S. Maria del Carmine
Petrus erweckt die Tabita Fresko *(s. Abb. 121)*	S. Maria del Carmine
Predigt des Petrus Fresko 1427	S. Maria del Carmine
Hl. Anna Selbdritt	Uffizien

Giovanni dal Ponte M 1385–1437

Kreuzabnahme Rundes Glasgemälde Eingangswand	S. Croce

Donatello (Donato di Niccolò di Betto Bardi) B 1386–1466

Begraben in der Krypta Cosimos des Alten in S. Lorenzo

Johannes der Täufer, David und Jeremias 1416 Figuren am Campanile	Dom

Krönung der Maria Kuppelraum	Dom
Poggio Bracciolini Marmorstatue	Dom
Der Prophet Jeremias 1435	Dommuseum
Teilstück der Sängertribüne 1435–1439	Dommuseum
Nischenfiguren und der Prophet Habakuk 1435–1439 Bestimmt für den Campanile	Dommuseum
Fries mit Engelsköpfen Außenwand Pazzi-Kapelle	S. Croce
Hölzernes Kruzifix 1425 Bardi-Kapelle	S. Croce
Altartabernakel mit Verkündigung Relief aus grünlichem Sandstein mit Goldbemalung	S. Croce
Hl. Ludwig Bronzestatue 1420	S. Croce (Museum)
Hl. Petrus 1408–1413 Außenfigur Nordseite	Or San Michele
Hl. Markus 1411–1413 Außenfigur Südseite	Or San Michele
Grabmal des Schisma-Papstes Johannes XXIII. (Mitarbeit Michelozzos)	Baptisterium
Maria Magdalena Holzstatue	Dommmuseum
Kleiner Chorraum, reich ausgestattet 1435 Sakristei	S. Lorenzo
Bronzekanzel Mittelschiff	S. Lorenzo
Madonna mit Kind und dem hl. Johannes Relief	Museo Bardini
Madonna mit Kind Polychrom-Relief	Museo Bardini
Kreuzabnahme	Museo Bardini
Judith tötet Holofernes 1440 *(s. Abb. 119)*	Vor dem Palazzo Vecchio
Medaillons Antiken Gemmen nachgebildet 1455 Eingangshalle	Palazzo Medici
Der hl. Georg Marmorstatue 1416 *(s. Abb. 120)*	Bargello
David Marmorstatue 1416	Bargello
Marzocco-Löwe Sandstein 1418–1420 *(s. Abb. 33)*	Bargello
Jugendlicher Johannes Steinrelief	Bargello
Amor	Bargello
Büste des Niccolò da Uzzano Terrakotta	Bargello
Bacchantischer Knabe	Bargello
Tanzender Putto Taufbrunnen aus Siena	Bargello
David Bronzestatue 1432 *(s. Abb. 28)*	Bargello

Fra Beato Angelico (Fra Giovanni da Fiesole) M 1387–1455

Wandmalereien und Fresken in den Klosterzellen Darunter: »Noli me tangere«, Fresko im Dormitorium *(s. Abb. 21)* und »Verkündigung« *(s. Abb. 122)*	Museo di S. Marco
Kreuzigung oder Verehrung des Kreuzes Fresko 1440 Kapitelsaal	Museo di S. Marco

Krönung Mariä Fresko im Dormitorium		Museo di S. Marco
Kreuzabnahme Altarbild 1435	Pilgerherberge	Museo di S. Marco
Das Jüngste Gericht Tafelbild 1440	Pilgerherberge	Museo di S. Marco
Beweinung Christi *(s. Farbt. 19)*	Pilgerherberge	Museo di S. Marco
Begräbnis des Heiligen Kosmas und Damian	„	Museo di S. Marco
Thronende Maria zwischen Engeln und Heiligen	„	Museo di S. Marco
Vermählung Mariä	Pilgerherberge	Museo di S. Marco
Tod der Maria	Pilgerherberge	Museo di S. Marco
Zacharias schreibt den Namen seines Sohnes Johannes	„	Museo di S. Marco
Zwei Verkündigungen und Anbetung der Könige Tafelbild auf Goldgrund	Pilgerherberge	Museo di S. Marco
Christus in Gethsemane Tafelbild	Pilgerherberge	Museo di S. Marco
Gefangennahme Christi Tafelbild	Pilgerherberge	Museo di S. Marco
.Flucht nach Ägypten	Pilgerherberge	Museo di S. Marco
Madonna mit dem Stern	Pilgerherberge	Museo di S. Marco
Altar der Leinenweber mit Predella Tempera auf Holz	„	Museo di S. Marco
Der hl. Dominikus zu Füßen des Kreuzes Kreuzgang	„	Museo di S. Marco
Verkündigung 1433 Kreuzgang	Pilgerherberge	Museo di S. Marco
Krönung der hl. Jungfrau 1430–1435		Uffizien
Madonna mit Kind		Uffizien

Michelozzo di Bartolommeo A B 1396–1472

Umbau des vorderen Hofes im Renaissancestil 1454	Palazzo Vecchio
Madonna mit Kind Terrakotta 2. Geschoß	Palazzo Vecchio
Tür zum Vorraum der Sakristei	S. Croce
Medici-Kapelle 1434	S. Croce
Wiederaufbau von Kirche und Kloster 1437–1452	S. Marco
Sakristei 1437–1443	S. Marco
Bibliothek, dreischiffiger Saal 1441	S. Marco
Tonstatue Johannes des Täufers 1444–1450	SS. Annunziata
Marmorkapelle 1448 Links vom Eingang	SS. Annunziata
Madonnenrelief aus Marmor Vorhof	SS. Annunziata
Tür zur Sakristei	SS. Annunziata
Bau des Palazzo Medici 1444–1460 *(s. Abb. 18, 19)*	Via Cavour
Bau des Palazzo Strozzini 1458 (Beendet von Maiano)	Piazza Strozzi
Grabmal des Schisma-Papstes Johannes XXIII. 1450 (Mitarbeit Donatellos)	Baptisterium
Kapelle des Kreuzes 1447–1448 Mittelschiff, vor dem Chor	S. Miniato al Monte
Madonna mit dem Kind *(s. Abb. 123)*	Bargello

Teilstück eines Marmoraltars	Museo Bardini
Madonna mit Kind Rundrelief Farbiger Stuck	Museo Bardini
Silberstatue Johannes des Täufers am Silberaltar Für das Baptisterium bestimmt 1452	Dommuseum

Paolo Uccello (Paolo di Dono)   M   1396–1475

Reiterbild des engl. Condottiere Sir John Hawkwood Wandgemälde 1436 Linkes Seitenschiff	Dom
Anbetung, Verkündigung, Auferstehung Kuppelraum	Dom
Sintflut, Dankopfer Noahs 1447 Refektorium	S. Maria Novella
Die Schlacht von San Romano 1456–1460 *(s. Farbt. 20)*	Uffizien
Mönchsszenen	Accademia

Jacopo Bellini   M   Um 1400–1470

Madonna mit Kind	Uffizien

Luca della Robbia   B   1400–1482

Auferstehung Terrakotta 1444 In der Türlünette der Neuen Sakristei	Dom
Bronzetür mit Evangelisten und Kirchenvätern 1446–1474 Neue Sakristei	Dom
Christi Himmelfahrt Terrakotta-Relief 1450 Über der Tür zur Alten Sakristei	Dom
Zwei Leuchterengel Terrakotta 1450 Alte Sakristei	Dom
Sechseckige Reliefs 1437 Am Campanile	Dom
Chorrelief »Die Sängerkanzel« Marmor 1431–1438 *(s. Abb. 124)*	Dommuseum
Zwölf Apostel Unter einem Terrakotta-Fries 1443 Pazzi-Kapelle	S. Croce
Vier sitzende Evangelisten Terrakotta-Tondi Hauptraum der Pazzi-Kapelle	S. Croce
Farbige glasierte Terrakotta-Rosetten in der Kuppel der Pazzi-Kapelle	S. Croce
Andreas-Relief 1445 Über der Tür der Pazzi-Kapelle	S. Croce
Grabmal des Bischofs von Fiesole Benozzo Federighi 1454–1456	S. Trinità

Der hl. Geist inmitten der Vier Kardinaltugenden Terrakotto-Tondo Kapelle des Kardinals von Portugal	S. Miniato al Monte
Kruzifix aus Terrakotta	S. Miniato al Monte
Fayenceschmuck in der Kapelle des Kreuzes	S. Miniato al Monte
Madonna Blauweiße Terrakotta	Casa Horne
Madonna mit Kind Terrakotta Pinakothek	Findelhaus
Madonna mit Kind und Engeln Terrakotta-Relief	Badia
Madonna an der Rosenhecke Terrakotta	Bargello
Madonna mit Kind und Engeln Rundrelief	Bargello
Madonna mit dem Apfel Terrakotta	Bargello
Madonna mit Kind, Engeln und Blumengirlande Halbrundrelief aus Terrakotta	Bargello
Zwei Madonnen mit dem Kind Bunte Terrakotten	Bargello
Majolikensaal mit Werken der Familie Robbia	Bargello

Domenico Veneziano M 1400–1461

Madonna mit Kind und Heiligen 1450	Uffizien
Johannes der Täufer und der hl. Franziskus 1455 Altes Refektorium	S. Croce (Museum)

Masaccio (Tommaso di Ser Giovanni di Simone Guidi) M 1401–1428

Hl. Anna Selbdritt 1420 *(s. Abb. 126)*	Uffizien
Fresken der Petrusgeschichte Brancacci-Kapelle 1423–1427 Darunter »Der Zinsgroschen« *(s. Abb. 24, 125)*	S. Maria del Carmine
Vertreibung aus dem Paradies Brancacci-Kapelle	S. Maria del Carmine
Dreifaltigkeit mit Maria, Evangelist und zwei Stiftern Fresko	S. Maria Novella

Leon Battista Alberti A 1404–1472

Entwurf für den Palazzo Rucellai 1446–1459 (Ausgeführt von B. Rossellino)	Via della Vigna Nuova 18
Entwurf für die Loggia Rucellai 1460	Via della Vigna Nuova 18
Veränderung und Vollendung der Fassade 1456–1470 *(s. Abb. 11)*	S. Maria Novella

Fra Filippo Lippi M 1406–1469

Die Krönung der Jungfrau 1441–1447	Uffizien
Thronende Maria mit Heiligen 1445	Uffizien
Anbetende Maria mit Engeln 1465	Uffizien
Verkündigung des Todes an Maria	Uffizien
Verkündigung mit zwei Heiligen 1450	Uffizien
Madonna mit Kind und Heiligen 1462	Uffizien
Anbetung des Kindes mit hl. Bernhard 1463	Uffizien
Der hl. Augustin in seiner Zelle Holztafel	Uffizien
Das Wunder des hl. Fredianus Holztafel	Uffizien
Anbetung des Kindes mit dem hl. Hilarion 1455 Holztafel	Uffizien
Geburt Christi	Uffizien
Anbetung der Maria	Uffizien
Anbetung der Könige	Uffizien
Madonna mit Kind und Heiligen 1452	Palazzo Pitti
Madonna mit Kind und Marienleben *(s. Abb. 127)*	Palazzo Pitti
Altarbild Anbetung des Kindes (Kopie) 1460 Hauskapelle	Palazzo Medici
Altarbild Verkündigung Martelli-Kapelle	S. Lorenzo
Madonna mit Kind und Engeln Pinakothek	Findelhaus
Die hl. Monika unter Nonnen	S. Spirito

Bernardo Rossellino A B 1409–1464

Bau des Palazzo Rucellai nach dem Entwurf Albertis	Via della Vigna Nuova 18
Grabmal des Humanisten Leonardo Bruni 1445–1451 Rechtes Seitenschiff *(s. Abb. 129)*	S. Croce
Grabmal der Beata Villana 1451 Rucellai-Kapelle	S. Maria Novella
Lünettengrab des Orlando de' Medici 1456	SS. Annunziata

Buggiani (Andrea Cavalcanti) B 1412–1462

Phantasievoller Wandbrunnen 1440 Neue Sakristei	Dom
Wandbrunnen 1445 Alte Sakristei	Dom
Grabmal Brunelleschis mit seiner Büste 1447	Dom
Kanzel nach dem Entwurf Brunelleschis 1443	S. Maria Novella

Bertoldo di Giovanni B um 1420–1491

Bronzereliefs; Bronzestatuette des Orpheus	Bargello

2 Die Künstler zur Zeit der Hochrenaissance in Florenz während des Lebens von Piero il Gottoso († 1469), Lorenzo il Magnifico († 1492), Papst Leo X. († 1521), Papst Clemens VII. († 1534) und Herzog Alessandro († 1537)

Piero della Francesca M 1416–1492

Porträts des herzoglichen Paares von Urbino Federigo da Montefeltro und Battista Sforza Diptychon 1465–1466 *(s. Abb. 130)* Rückseite: Triumphzug des Herzogs und der Herzogin	Uffizien

Neri di Bicci M 1419–1491

Madonna und Heilige Rechtes Seitenschiff 3. Kapelle	S. Trinità
Thronende Madonna und Heilige 1450–1460 Rechtes Seitenschiff 3. Kapelle	S. Trinità
Verkündigung Altarbild 1450–1460 Linkes Seitenschiff 3. Kapelle	S. Trinità
Madonna mit Kind und Heiligen (Von Franciabigio übermalt)	Porta Romana, Innenbogen
Madonna mit Engeln und Blumen	Museo Stibbert
Krönung Mariä Pinakothek	Findelhaus
Die hl. Jungfrau betet das Jesuskind an *(s. Abb. 128)*	Palazzo Medici
Bemalung der Andimari-Truhe	Accademia
Verkündigung	Accademia
Krönung der Jungfrau mit Heiligen	Accademia

Benozzo Gozzoli M 1420–1497

Fresken in der Hauskapelle mit Bildnissen der Familie Medici im ›Zug der hl. drei Könige‹ und Selbstbildnis des Künstlers (links zwischen den Vollbärtigen) 1459–1463 *(s. Farbt. 21)*	Palazzo Medici
Beweinung Christi	Uffizien
Die mystische Vermählung der hl. Katharina *(s. Abb. 131)*	Uffizien
Zwei Heilige	Uffizien
Pietà	Uffizien

Andrea del Castagno M 1423–1457

Bildnis des Farinata degli Uberti	Museo Castagno (Ehem. Kloster S. Apollonia)
Der Schmerzensmann Lünettenfresko 1450–1457	Museo Castagno
Porträt des Pippo Spano 1450	Museo Castagno
Abendmahl Fresko 1445–1450 Cenacolo di S. Apollonia	Museo Castagno
Kreuzigung, Auferstehung, Himmelfahrt Unter den Gestalten: Dante	Museo Castagno
Petrarca und Boccaccio Fresken	Museo Castagno
Dreifaltigkeit mit hl. Hieronymus Fresko 1454–1455 Linkes Seitenschiff über dem Altar	SS. Annunziata
Christus und der hl. Julian Reste der ehem. Altarfresken 1455 Links 1. und 2. Kapelle *(s. Abb. 132)*	SS. Annunziata
Reiterbild des Niccolò da Tolentino Fresko 1465 Innenseite des Langhauses	Dom
Kreuzabnahme Kuppelraum	Dom

Alessio Baldovinetti M 1425–1499

Verkündigung Um 1457 *(s. Abb. 133)*	Uffizien
Madonna mit Kind und Heiligen 1453	Uffizien
Die Hirten auf dem Felde Fresko 1460–1462 Vorhof	SS. Annunziata
Verkündigung 1466–1467	S. Miniato al Monte
Aus dem Leben Christi	Museo di S. Marco
Drei Tafeln: Hochzeit von Kana, Taufe Christi, Verklärung	Museo di S. Marco
Heilige und Engel 3. Altar links	S. Ambrogio
Buntes Glasfenster Pazzi-Kapelle	S. Croce
Heilige Dreieinigkeit 1471	Accademia

Antonio Rossellino B 1427–1479

Marmorsarkophag des Neri Capponi 1457	S. Spirito
Nischengrab des Kardinals von Portugal 1461	S. Miniato al Monte
Madonna im Tondo Marmorbildwerk 1466	S. Miniato al Monte
Madonna del Latte Relief 1478 Am 1. Pfeiler des rechten Seitenschiffs	S. Croce
Büste des Matteo Palmieri *(s. Abb. 135)*	Bargello
Büste des Francesco Sassetti	Bargello

Anbetung des Kindes Marmorrelief	Bargello
Madonna mit dem Jesuskind	Museo Bardini

Desiderio da Settignano B 1428–1464

Grabmal des Carlo Marsuppini 1455 Linkes Seitenschiff *(s. Abb. 136)* Davor: Grabplatte des Gregorio Marsuppini	S. Croce
Fries mit Engelsköpfen Pazzi-Kapelle Außenwand	S. Croce
Hl. Magdalena (Beendet von Benedetto da Maiano) 1464–1465	S. Trinità
Tabernakel aus Marmor 1461	S. Lorenzo
Büste einer Edelfrau	Bargello
Johannes der Täufer Relief	Bargello
Madonna mit dem Kind Marmorrelief	Bargello
Skulpturen	Casa Horne

Giovanni Bellini M 1430–1516

Christliche Allegorie 1488 *(s. Abb. 134)*	Uffizien
Bildnis eines Edelmannes	Uffizien
Beweinung Christi 1490	Uffizien
Die drei Lebensalter 1510	Palazzo Pitti
Allegorie des Fegefeuers	Palazzo Pitti

Antoniazzo Romano M 1430–1509

Madonna mit Kind 1482	Uffizien
Madonna, Kind und Heilige Triptychon 1485	Uffizien

Andrea Mantegna M 1431–1506

Greisenporträt des Kardinals Carlo de'Medici	Uffizien
Anbetung der Könige, Beschneidung, Himmelfahrt Triptychon 1464 *(s. Abb. 137)*	Uffizien
Felsgrottenmadonna 1468	Uffizien

Giuliano da Maiano A B 1432–1490

Kassettendecke im Audienzsaal	Palazzo Vecchio
Intarsienarbeiten an den Schränken der Sakristei 1463–1465	Dom

Tor zur Pazzi-Kapelle mit eingelegtem Holz	S. Croce
Palazzo Pazzi (Quaratesi) 1462–1472	Via del Proconsole 10

Antonio Pollaiuolo B M 1432–1498

Altarkreuz 1447	Dommuseum
Geburt Johannes des Täufers Relief am Silberaltar 1477–1480	Dommuseum
Erzengel Michael Gemälde	Museo Bardini
Herkules und Antäus Bronze *(s. Abb. 138)*	Bargello
Büste mit Drachenhelm Terrakotta	Bargello
Büste eines unbekannten Mannes	Bargello
Büste des Giuliano de' Medici 1470	Bargello
Herkules und die Hydra	Uffizien
Herkules und Antäus	Uffizien
Nackte Männer im Kampf	Uffizien
Weibliches Bildnis	Uffizien
Engelfresken in der Grabkapelle des Kardinals von Portugal 1466	S. Miniato al Monte

Mino da Fiesole B 1432–1484

Sein Grab mit Grabplatte in der Kirche S. Ambrogio

Tabernakel Marmor 1483	S. Ambrogio
Relief mit den Heiligen Laurentius und Leonhard 1464–1469	Badia
Grabmal des Bernardo Giugni 1468	Badia
Grabmal des Markgrafen Ugo von Tuskien 1481	Badia
Madonna mit Kind und Heiligen 1469 Relief	Badia
Tabernakel Medici-Kapelle	S. Croce
Büste des Niccolò Strozzi	Bargello
Büste des Rinaldo della Luna	Bargello
Büste des Giovanni de' Medici, Sohn Cosimos des Alten *(s. Abb. 31)*	Bargello
Büste des Piero il Gottoso 1453	Bargello
Madonna mit dem Kind Marmorrelief	Bargello
Madonna mit Kind Terrakotta	Museo Bardini

Andrea della Robbia B 1435–1525

Wickelkinder Blauweiße Majolikaputten 1463–1466 Außenbogen *(s. Farbt. 8)*	Findelhaus

Verkündigung Terrakotta Über der Tür im Hof	Findelhaus
Thronende Madonna mit Kind, Engeln und Früchten Farbige Terrakotta	Museo Bardini
Die hl. Jungfrau mit Heiligen Terrakotta Medici-Kapelle	S. Croce
Madonna mit Heiligen Auf dem Altar Medici-Kapelle	S. Croce
Tabernakel	S. Croce (Museum)
Jungfrau, das Kind anbetend Sala del Lavabo	Museo di S. Marco
Kreuzabnahme Kleines Refektorium	Museo di S. Marco
Madonna mit Kind Terrakotta	Casa Buonarroti
Mädchenkopf *(s. Abb. 140)*	Bargello
Kinderbüste	Bargello
Madonna zwischen Pfeilern	Bargello
Anbetende Maria im Blumenbogen	Bargello

Andrea del Verrocchio B M 1435–1488

Sein Grab mit Grabplatte in der Kirche S. Ambrogio

Grabmal Pieros und seines Bruders Giovanni de' Medici Marmor und Bronze 1469–1472 Alte Sakristei *(s. Abb. 34)*	S. Lorenzo
Grabplatte Cosimos des Alten Zur Krypta vor dem Hauptaltar	S. Lorenzo
Waschbrunnen Im linken Altarnebenraum	S. Lorenzo
Christus und der hl. Thomas 1483 Außenwand Ostseite	Or San Michele
Enthauptung des Johannes Relief am Silberaltar	Dommuseum
Putto mit dem Delphin 1478 Auftrag von Lorenzo il Magnifico für die Villa di Careggi *(s. Abb. 85)*	Palazzo Vecchio
Madonna mit Kind Terrakotta-Relief	Bargello
Bronzener David	Bargello
Piero de' Medici der »Unglückliche« Büste	Bargello
Madonna mit Kind Marmorrelief	Bargello
Dame mit Blumenstrauß Marmorbüste	Bargello
Büste des Lorenzo il Magnifico (vgl. die Büste aus Washington *(Abb. 45)*	Bargello
Auferstehung Grabrelief der 1477 verstorbenen Francesca Pitti 1478	Bargello
Die Taufe Christi 1470 *(s. Abb. 141)*	Uffizien

Matteo Civitali B 1436–1501

Allegorie des Glaubens 1475–1480	Bargello
Ecce Homo	Bargello

Cosimo Rosselli M 1439–1507

Madonna mit Heiligen und Engeln Links vom Chor	S. Ambrogio
Kreuztragung Christi 1470	S. Trinità
Einkleidung des hl. Filippo Benizzo Fresko 1475 Vorhof links vom Portal	SS. Annunziata
Thronende Maria mit den Heiligen Thomas und Petrus 1482 27. Kapelle	S. Spirito
Der Ewige Vater Tafelbild	Accademia
Die hl. Jungfrau Tafelbild	Accademia
Der Engel der Verkündigung Tafelbild	Accademia
David und Noah	Accademia
Moses	Accademia
Madonna mit Kind, Johannes und Heiligen	Accademia

Luca Signorelli M 1441–1523

Die hl. Familie	Palazzo Pitti
Die Madonna mit dem Kind Rundbild Für Lorenzo den Prächtigen gemalt *(s. Abb. 142)*	Uffizien
Christus am Kreuz mit Heiligen	Uffizien
Allegorie der Fruchtbarkeit	Uffizien
Verkündigung, Anbetung der Hirten und Könige Predella	Uffizien
Abendmahl, Christus am Ölberg, Geißelung Christi Predella	Uffizien
Madonna mit dem Kind 1490	Uffizien
Christus am Kreuz mit Maria und Maria Magdalena	Uffizien
Dreieinigkeit	Uffizien

Benedetto da Maiano A B 1442–1497

Tür zur Pazzi-Kapelle mit eingelegtem Holz (Mitarbeit von Giuliano da Maiano) Pazzi-Kapelle	S. Croce
Marmorkanzel mit Szenen aus der Franziskuslegende 1470–1476 Rechtes Seitenschiff	S. Croce
Grabmal des Filippo Strozzi 1491 Strozzi-Kapelle	S. Maria Novella
Hl. Sebastian 1495	Misericordia

Maria mit Kind	Misericordia
Marmorportal 1475–1480 Sala dell' Udienza	Palazzo Vecchio
Statue der Gerechtigkeit über dem Portal (Mitarbeit von Giuliano da Maiano) Sala dell' Udienza	Palazzo Vecchio
Baubeginn des Palazzo Strozzi *(s. Abb. 60)*	Palazzo Strozzi
Holzkruzifix 1490 Hinter dem Hochaltar	Dom
Büste des Organisten Squarcialupi 1490	Dom
Büste des Giotto 1490	Dom
Madonna mit Kind und hl. Johannes Altarbild	Museo Bardini
Büste des P. Mellini (Gönner der Brüder Maiano; *s. Abb. 139)*	Bargello

Piero Pollaiuolo M 1443–1496

Die Madonna reicht dem hl. Thomas den Gürtel	S. Niccolò
Die drei Heiligen (Kopie)	S. Miniato al Monte
Die Tugenden Sechs Holztafeln	Uffizien
Bildnis des Galeazzo Maria Sforza 1471 *(s. Abb. 143)*	Uffizien
Die drei Heiligen Jakobus, Vinzenz und Eustachius 1467 (Mitarbeit Antonio Pollaiuolos)	Uffizien
Der hl. Hieronymus Tafelbild	Palazzo Pitti

Sandro Botticelli M 1444–1510

Bildnis eines Mannes mit der Medaille Cosimos d. A. 1464	Uffizien
Madonna della Loggia Um 1470	Uffizien
Ermordung des Holofernes Um 1470	Uffizien
Rückkehr der Judith mit Begleiterin Um 1470	Uffizien
Die Entdeckung der Ermordung des Holofernes	Uffizien
Madonna in der Glorie 1470	Uffizien
Madonna des Magnificat Mit Lorenzo und Giuliano de' Medici 1485 *(s. Abb. 36)*	Uffizien
Anbetung der Könige Mit Bildnissen der Medici und des Künstlers (rechts im hellbraunen Gewand) 1474 *(s. Farbt. 22)*	Uffizien
Der Frühling 1477–1478 Aus der Villa Medici in Castello *(s. vordere Umschlagklappe)*	Uffizien
Geburt der Venus 1485 Aus der Villa Medici in Castello *(s. Abb. 49)*	Uffizien
Minerva und der Kentaur 1485	Uffizien

Madonna mit dem Granatapfel 1487	Uffizien
Verkündigung 1489–1490	Uffizien
Krönung Mariä Mit den Tafeln: Johannes der Evangelist, Die Verkündigung, Der hl. Augustinus, Der hl. Hieronymus, Der hl. Eligius	Uffizien
Madonna im Rosenhag	Uffizien
Jesus, das hl. Grab verlassend	Uffizien
Madonna mit Kind und Heiligen	Uffizien
Der hl. Augustin in der Zelle 1500	Uffizien
Madonna mit Heiligen Altar des hl. Barnabas 1483	Uffizien
Dem hl. Ignatius wird das Herz herausgeschnitten Altar des hl. Barnabas	Uffizien
Salome mit dem Haupt Johannes des Täufers Altar des hl. Barnabas	Uffizien
Pietà Altar des hl. Barnabas	Uffizien
Der hl. Augustin und das Kind am Meeresstrand Altar des hl. Barnabas	Uffizien
Die Verleumdung des Apelles 1494–1495	Uffizien
Die drei Erzengel	Uffizien
Die Tapferkeit Auftrag des sterbenden Piero il Gottoso 1470 *(s. Abb. 145)*	Uffizien
Bildnis eines jungen Mannes	Palazzo Pitti
Profilbild einer Dame	Palazzo Pitti
Madonna mit Kind und Engel Pinakothek	Findelhaus
Madonna mit Kind und zwei Engeln	Accademia
Madonna	Accademia
Die hl. Jungfrau mit dem Kind	Accademia
Geburt Christi Fresko über dem Portal an der Innenseite der Kirche	S. Maria Novella
Der hl. Augustin in der Studierstube Fresko 1480	Ognissanti
Madonnentafel Saal der Penelope	Palazzo Vecchio

Perugino (Pietro di Cristoforo Vannucci) M 1445–1523

Himmelfahrt Mariä Altarbild	Uffizien
Bildnis des Biagio Milanesi	Uffizien
Bildnis des Baldassare	Uffizien
Pietà	Uffizien

Kreuzabnahme	Uffizien
Kreuzigung mit Heiligen	Uffizien
Bildnis eines Jünglings	Uffizien
Thronende Maria zwischen Johannes dem Täufer und dem hl. Sebastian 1493	Uffizien
Bildnis des Francesco delle Opere 1494 *(s. Abb. 144)*	Uffizien
Madonna mit Kind, Johannes und Engel	Palazzo Pitti
Maria Magdalena Um 1496–1500	Palazzo Pitti
Grablegung Christi	Palazzo Pitti
Madonna del Sacco	Palazzo Pitti
Maria Magdalena 1495	Palazzo Pitti
Kreuzabnahme 1495 Triptychon: Mitte: Christus am Kreuz mit Maria Magdalena links: Bernhardus und Maria rechts: Benediktus und Johannes	Palazzo Pitti
Großes Fresko des Gekreuzigten 1493–1496 Konventsaal des Klosters	S. Maria Maddalena dei Pazzi
Kreuzigung Maria mit hl. Hieronymus und dem Löwen Gemälde im Konventsaal des Klosters	S. Maria Maddalena dei Pazzi
Rundes Glasbild Ausgießung des hl. Geistes Entwurf von Perugino	S. Spirito
Mariä Himmelfahrt 1506 4. Kapelle links	SS. Annunziata
Ruhm der Madonna und Engel mit Musikinstrumenten	Accademia

Giuliano da Sangallo A B 1445–1515

Vorderer Säulenhof	S. Maria Maddalena dei Pazzi
Grabmäler der Familie Sassetti Sassetti-Kapelle *(s. Abb. 146)*	S. Trinità
Umbau der Gondi-Kapelle 1508	S. Maria Novella
Palazzo Gondi 1490–1494	Piazza S. Firenze
Achteckiger Sakristeiraum 1489–1492	S. Spirito
Renaissancepalast Casa Horne	Piazza S. Jacopo tra' Fossi 26
Villa Medici Für Lorenzo den Prächtigen erbaut 1485 *(s. Abb. 54)*	Poggio a Caiano
Holztür 1470–1478 Pazzi-Kapelle	S. Croce

Francesco Botticini M 1446–1497

Hl. Augustin und hl. Monika	Accademia
Hl. Andreas, das Kreuz verehrend	Accademia

Marter der Heiligen	Accademia
Die hl. Jungfrau mit Kind und Engeln	Palazzo Pitti
Erzengel und der junge Tobias	Uffizien

Domenico Ghirlandaio M 1449–1494

Pietà Fresko 1470 2. Altar rechts	Ognissanti
Fresken 1472 Über dem 2. Altar	Ognissanti
Schutzmantelmadonna Bildtafel 1473 Vespucci-Kapelle	Ognissanti
Hl. Hieronymus im Gehäuse 1480	Ognissanti
Abendmahl 1480 Im Refektorium des früheren Klosters	Ognissanti
Letztes Abendmahl 1480–1490 Kleines Refektorium	Museo di S. Marco
Sechs Fresken aus der Franziskus-Legende 1483–1485 Darunter Porträts der Medici: Lorenzo der Prächtige mit zwei Freunden, vorn seine jungen Söhne mit ihrem Lehrer Sassetti-Kapelle *(s. Abb. 42)*	S. Trinità
Anbetung der Hirten Altarbild	S. Trinità
Geburt Mariä 1485–1490 mit Frauen der Medici Fresko in der Chorkapelle *(s. Abb. 147)*	S. Maria Novella
Bethlehemitischer Kindermord	S. Maria Novella
Madonna zwischen den Erzengeln Michael und Raphael 1485	Uffizien
Thronende Madonna und Heilige	Uffizien
Anbetung der Könige Holztondo 1487	Uffizien
Anbetung der Könige Pinakothek *(s. Abb. 148)*	Findelhaus
Hl. Anna, hl. Johannes und hl. Franziskus	Accademia
Hl. Zenobius und Helden der römischen Geschichte Großes Fresko 1481–1485 Liliensaal	Palazzo Vecchio

Leonardo da Vinci M 1452–1519

Verkündigung 1470–1475 *(s. Abb. 149)*	Uffizien
Anbetung der Könige *(s. Abb. 71)*	Uffizien
Selbstbildnis (Umstritten)	Uffizien
Hl. Anna Selbdritt (Kopie nach dem Gemälde im Louvre)	Uffizien
Anbetung Saal der Sabinerinnen	Palazzo Vecchio

Cronaca (Simone del Pollaiuolo) A 1454–1508

Vorraum der Sakristei 1492–1494	S. Spirito
Palazzo Guadagni 1503–1506	Piazza S. Spirito
Palazzo Strozzi 1498 (Nach dem Tode Benedetto da Maianos)	Via degli Strozzi
Renaissancehof des Palazzo Strozzi 1497	Via degli Strozzi
Saal der Fünfhundert	Palazzo Vecchio

Lorenzo di Credi M 1456–1537

Madonna	S. Spirito
Venus	Uffizien
Jüngling mit der roten Mütze *(s. Abb. 150)*	Uffizien
Madonna mit Kind, Johannesknaben und Engel Holztondo	Uffizien
Verkündigung	Uffizien
Anbetung der Hirten	Uffizien
Die hl. Jungfrau mit Johannes dem Täufer, das Kind anbetend	Accademia
Anbetung des Kindes mit Johannes und zwei Engeln	Accademia
Verkündigung	Accademia
Erzengel Michael 1523 Alte Sakristei	Dom

Filippino Lippi M 1457–1504

Die Jungfrau erscheint dem hl. Bernhard *(s. Abb. 152)*	Badia
Heiligenlegenden 1487 Strozzi-Kapelle: Bändigung der Dämonen; Auferstehung der Drusiana; Martyrium des hl. Philippus; Martyrium des hl. Johannes; Kuppelgemälde; Scheinarchitektur mit Darstellungen von Musen	S. Maria Novella
Maria mit Heiligen und Stiftern 1490 Tafelbild 13. Kapelle rechts	S. Spirito
Petruslegende Fresken Brancacci-Kapelle	S. Maria del Carmine
Verkündigung Medaillon	S. Ambrogio
Kreuzigung und Heilige	Casa Horne
Allegorie	Uffizien
Selbstbildnis	Uffizien
Bildnis eines alten Mannes	Uffizien

Tod der Söhne Laokoons	Uffizien
Kreuzabnahme	Uffizien
Madonna degli Otto 1485	Uffizien
Anbetung der Könige 1496	Uffizien
Anbetung Mariä 1480	Uffizien
Madonna mit Johannes, Tobias und Zenobius	Uffizien
Verkündigung	Accademia
Magdalena und hl. Johannes	Accademia
Hl. Hieronymus	Accademia
Kreuzabnahme 1504	Accademia
Büßende Maria Magdalena	Accademia
Geschichte der Lucrezia	Palazzo Pitti
Fünf weibliche allegorische Figuren	Museo Corsini
Madonna mit Engeln	Museo Corsini

Sansovino (Andrea Contucci) A B 1460–1529

Taufe Christi Marmorgruppe 1505 Außenseite über dem Ostportal	Baptisterium
Altar Cappella del Sacramento Linkes Seitenschiff	S. Spirito
Johannes der Täufer Skulptur *(s. Abb. 151)*	Museo Bardini
Junger Bacchus Marmorstatue	Bargello

Piero di Cosimo M 1462–1521

Madonna mit Petrus und Johannes Pinakothek	Findelhaus
Drei Gemälde aus dem Mythos des Perseus	Palazzo Davanzati
Perseus befreit Andromeda vom Drachen	Uffizien
Die Unbefleckte Empfängnis	Uffizien
Opfer für die Befreiung der Andromeda	Uffizien

Baccio d'Agnolo (Bartolommeo Baglioni) A B 1462–1543

Palazzo Bartolini-Salimbeni 1517–1520	Via Porta Rossa
Palazzo Niccolini-Buturlin 1550 Nach Plänen von d'Agnolo gebaut	Via de Servi 15
Kirchturm der Kirche	San Miniato al Monte

Giovanni Antonio Boltraffio M 1467–1516

Narzissus an der Quelle	Uffizien

Francesco Granacci M 1469–1543

Grab und Grabplatte in S. Ambrogio

Die hl. Familie	Palazzo Pitti
Die hl. Jungfrau mit dem Kind und dem Johannesknaben	Palazzo Pitti
Josef stellt dem Pharao seinen Vater und seine Brüder vor	Uffizien
Schutzmantelmadonna Pinakothek	Findelhaus
Heilige Dreieinigkeit 1485 29. Kapelle	S. Spirito
Einmarsch Karls VIII. in Florenz 1494 *(s. Abb. 64)*	Palazzo Medici
Heiligengeschichten 6 Gemälde auf Holz	Accademia
Madonna mit dem hl. Thomas	Accademia
Himmelfahrt mit Heiligen	Accademia

Giovanni della Robbia B 1469–1529

Waschbrunnen und Lünette 1498 Sakristei	S. Maria Novella
Relief und Medaillons (Bei letzteren Mitarbeit von Andrea della Robbia)	Loggia S. Paolo, Piazza S. Maria Novella
Tabernakel	SS. Apostoli
Madonna und Heilige Farbige Terrakotta Altarfiguren Pulci-Kapelle	S. Croce
Christus Terrakottabüste Sakristei	S. Croce
Krönung Mariä mit musizierenden Engeln und Heiligen Glasierte Terrakotta 1515	Ognissanti
Zwei Engel Terrakotta	S. Ambrogio
Zwei Terrakottastatuen Engel mit Vase	Museo Bardini
Judith, Bacchus und Überfluß Drei Figuren Bunte Terrakotta	Museo Bardini
Kniender Engel Farbige Terrakotta	Museo Bardini
Verkündigung Halbrund Terrakotta	Bargello
Mädchen mit Früchtekranz Farbige Terrakotta	Casa Buonarroti
Putto Weiße Terrakotta	Casa Buonarroti

Raffaello dei Carli M 1470–1526

Thronende Madonna mit Heiligen Tafelbild 1505 31. Kapelle	S. Spirito

Andrea Briosco B 1471–1552

Hirt, eine Ziege melkend 1507 Kleinbronze	Bargello

Fra Bartolommeo (Baccio della Porta) M 1472–1517

Das Jüngste Gericht 1499–1501 Großes Refektorium	Museo di S. Marco
Bildnis des Fra Savonarola Klosterzelle *(s. Abb. 57)*	Museo di S. Marco
Thronende Maria mit Kind und Heiligen 1509 Sala del Lavabo	Museo di S. Marco
Madonna und Heilige (Unvollendet) 1513–1515 Sala del Lavabo	Museo di S. Marco
Savonarola in Gestalt des hl. Petrus	Museo di S. Marco
Zwei Madonnen mit Kind	Museo di S. Marco
Christus in Emmaus Klosterzelle Savonarolas	Museo di S. Marco
Ecce Homo	Palazzo Pitti
Der Evangelist Markus 1514	Palazzo Pitti
Beweinung Christi 1516 *(s. Abb. 154)*	Palazzo Pitti
Grablegung 1516	Palazzo Pitti
Der Auferstandene mit den vier Evangelisten	Palazzo Pitti
Kreuzabnahme	Palazzo Pitti
Die hl. Familie	Palazzo Pitti
Thronende Maria mit Heiligen 1512	Uffizien
Geburt und Beschneidung Christi 1498	Uffizien
Thronende Madonna mit Kind und Heiligen 2. Altar rechts	S. Marco
Johannes der Täufer	Accademia
Die Madonna erscheint dem hl. Bernhard	Accademia
Die hl. Verwandlung	Accademia

Giovanni Francesco Rustici B 1474–1554

Die Predigt Johannes des Täufers Dreiergruppe 1506–1511 Außenseite über dem Nordportal	Baptisterium
Madonna mit dem Kind Tondo	Bargello

Giuliano Bugiardini M 1475–1554

Anbetung des Jesuskindes	S. Croce (Museum)
Martyrium der hl. Katharina Rucellai-Kapelle	S. Maria Novella
Bildnis Michelangelos	Casa Buonarroti

Michelangelo Buonarroti A B M 1475–1564

Sein Grabmal in der Kirche S. Croce von Vasari. Büste aus späterer Zeit

Giganten Ton (Unvollendet)	Casa Buonarroti
Venus und zwei Cupido Jugendwerk	Casa Buonarroti
Torso eines Flußgottes (Unvollendet)	Casa Buonarroti

Kentaurenschlacht Marmorrelief 1492	Casa Buonarroti
Holzkruzifix (Aus S. Spirito)	Casa Buonarroti
Madonna an der Treppe Marmorrelief 1492	Casa Buonarroti
Zeichnungen	Casa Buonarroti
David Marmorstatue 1501–1504 *(s. Abb. 55)*	Accademia
Matthäus (Unvollendet) *1505–1506*	Accademia
Vier Sklaven vom Boboli-Garten (Unvollendet) 1519	Accademia
Pietà Palestrina Um 1556	Accademia
Trunkener Bacchus mit Faun 1496–1497	Bargello
David Marmorstatue	Bargello
Madonna mit Kind und hl. Johannes (Madonna Pitti) Marmor-Rundrelief 1504	Bargello
Apollo (Unvollendet) 1525–1530	Bargello
Gefangene (Unvollendet) 1534–1536 Für das Grabmal Julius' II. bestimmt	Bargello
Brutusbüste 1543	Bargello
Die hl. Familie (Madonna Doni) Rundgemälde 1504 *(s. Abb. 156)*	Uffizien
Bau der neuen Sakristei 1520–1534	S. Lorenzo
Reliquien-Tribüne 1526–1533	S. Lorenzo
Grabmal des Giuliano de' Medici, Herzogs von Nemours 1521–1534 Neue Sakristei	S. Lorenzo
Grabmal des Lorenzo de' Medici, Herzogs von Urbino 1521–1534 Neue Sakristei *(s. Abb. 76)*	S. Lorenzo
Madonna mit Kind (Medici-Madonna) 1524–1534 Neue Sakristei *(s. Abb. 155)*	S. Lorenzo
Biblioteca Laurenziana, Treppe und Bibliotheksräume 1524–1534 *(s. Abb. 61)*	S. Lorenzo
Pietà mit dem Kopf des Nikodemus (Selbstporträt) 1550–1556	Dom
Kreuzabnahme Kleine Stuckarbeit	Museo Bardini
Römische Pietà 1549 (Kopie von Baccio Bigi)	S. Spirito
Der auferstandene Christus (Kopie der Statue in der Kirche S. Maria sopra Minerva in Rom von Taddeo Landini)	S. Spirito
Die hl. Familie Wachs Zwischengeschoß	Palazzo Vecchio
Jugendlicher Johannes Marmor	Palazzo Vecchio
Der Sieg 1525–1530 Saal der Fünfhundert	Palazzo Vecchio
Fenster am Medici-Palast 1519/20	Palazzo Medici

Sodoma (Giovanni Antonio Bazzi) M 1477–1549

Madonna mit Kind und Heiligen 1525	
Bemalung einer Standarte	Palazzo Pitti
Hl. Sebastian *(s. Abb. 153)*	Palazzo Pitti
Hl. Sebastian 1531	Uffizien
Gefangennahme Christi	Uffizien

Piero Francesco Fiorentino M 1477–1497

Madonna in Anbetung	Museo Bardini
Madonna in Anbetung	Museo Bardini
Madonna mit Kind und hl. Johannes	Museo Bardini
Anbetung	Accademia

Tizian (Tiziano Vecellio) M 1477–1576

Maria Magdalena 1552	Palazzo Pitti
Der Erlöser	Palazzo Pitti
Kardinal Ippolito de' Medici in ungarischer Tracht 1533 *(s. Abb. 75)*	Palazzo Pitti
La Bella Frauenbildnis 1536–1537	Palazzo Pitti
Bildnis eines Edelmanns mit grünen Augen 1540	Palazzo Pitti
Diego Mendoza 1541	Palazzo Pitti
Bildnis des Pietro Aretino 1545	Palazzo Pitti
Bildnis des Tommaso Mosti 1522	Palazzo Pitti
Bildnis Philipps II., Königs von Spanien	Palazzo Pitti
Bildnis des Andreas Vesal	Palazzo Pitti
Madonna der Barmherzigkeit 1574	Palazzo Pitti
Papst Julius II. (Kopie des Bildes von Raffael)	Palazzo Pitti
Das Konzert (Vielleicht von Giorgione)	Palazzo Pitti
Bildnis eines Edelmanns 1477	Palazzo Pitti
Bildnis der Giulia Verano, Herzogin von Urbino	Palazzo Pitti
Venus von Urbino mit dem kleinen Hund 1538	Uffizien
Venus von Amor 1545	Uffizien
Bildnis eines Malteserritters (Vielleicht von Giorgione)	Uffizien
Flora Um 1515 *(s. Abb. 158)*	Uffizien
Bildnis des Francesco Maria della Rovere 1536–1538 *(s. Abb. 157)*	Uffizien
Bildnis der Eleonora della Rovere	Uffizien
Bildnis des Bischofs Beccadelli 1532	Uffizien
Bildnis der Caterina Cornaro 1552	Uffizien

Madonna mit dem Kind, dem Johannesknaben und dem hl. Antonius Abbas	Uffizien
Selbstbildnis	Uffizien

Giorgione (Giorgio da Castelfranco) M 1478–1510

Bildnis eines Malteserritters (Umstritten)	Uffizien
Feuerprobe des Mosesknaben vor dem Pharao 1506	Uffizien
Urteil des Salomo	Uffizien
Krieger mit Schildhalter	Uffizien
Das Konzert (mit Tizian)	Palazzo Pitti
Die drei Lebensalter (Früher Lorenzo Lotto zugeschrieben)	Palazzo Pitti

Ludovico Mazzolini M 1479–1528

Anbetung des Kindes	Uffizien
Bethlehemitischer Kindermord	Uffizien
Madonna mit der hl. Anna	Uffizien
Beschneidung Christi	Uffizien
Die Ehebrecherin	Palazzo Pitti

Dosso Dossi M 1479–1541

Madonna in der Glorie zwischen den beiden Johannes	Uffizien
Kriegerbildnis	Uffizien
Genreszene	Uffizien
Ruhe auf der Flucht nach Ägypten	Uffizien
Hexerei	Uffizien
Johannes der Täufer	Palazzo Pitti
Kindereien	Palazzo Pitti
Fröhliche Gesellschaft	Palazzo Pitti
Nymphe und Satyr	Palazzo Pitti

Lorenzo Lotto M 1480–1556

Bildnis eines Jünglings 1505	Uffizien
Hl. Familie mit den Heiligen Hieronymus und Anna 1534	Uffizien

Palma Vecchio (Jacopo Palma) 1480–1528

Judith	Uffizien
Auferweckung des Lazarus	Uffizien
Madonna mit den Heiligen Maria Magdalena, Joseph und Johannes	Uffizien
Die hl. Familie	Uffizien
Das Mahl zu Emmaus	Palazzo Pitti

Francesco Franciabigio M 1482–1525

Grab im Nordflügel der Malerkapelle der Kirche SS. Annunziata

Übermalung der Madonna mit Kind und Heiligen von Neri di Bicci	Porta Romana, Innenbogen
Anbetung mit Schmerzensmann Fresko 1510 Großes Refektorium	Museo di S. Marco
Verlobung Mariä 1515 Atrium	S. Marco
Johannes geht in die Wüste Fresko 1518–1519	Chiostro dello Scalzo
Begegnung mit Christus 1518–1519	Chiostro dello Scalzo
Triumph Cäsars Fresko	Villa Poggio a Caiano
Bildnis eines Jünglings mit Handschuhen	Uffizien
Die Verleumdung des Apelles	Palazzo Pitti
Madonna	Accademia
Madonna del Pozzo	Accademia

Ridolfo del Ghirlandaio M 1483–1561

Weibliches Bildnis 1509	Palazzo Pitti
Bildnis eines Goldschmieds *(s. Abb. 161)*	Palazzo Pitti
Madonna mit Kind und hl. Joseph	Palazzo Pitti
Überführung der Leiche des hl. Zenobius 1517	Uffizien
Bildnisse zweier Damen	Accademia
Überführung der Reliquien des hl. Zenobius	Accademia
Madonna mit Kind 1503	Accademia
Wunder des hl. Zenobius	Accademia
Zwei Engelsbilder	Accademia
Gemälde in falschem Mosaik Kapelle der Prioren	Palazzo Vecchio
Ausmalung der Ratskapelle	Palazzo Vecchio
Hl. Anna Selbdritt und Heilige 36. Kapelle	S. Spirito
Jugendbildnis Cosimos des Alten	Palazzo Medici
Krönung der Maria Dreifaltigkeit Links 2. Kapelle	Ognissanti

Raffael (Raffaello Santi) M 1483–1520

Bildnis des Francesco Maria della Rovere 1503	Uffizien
Bildnis Papst Leos X. mit den Kardinälen Giulio de' Medici und Luigi de' Rossi 1518–1519 *(s. Abb. 65)*	Uffizien
Madonna mit dem Zeisig 1506	Uffizien
Selbstbildnis	Uffizien
Papst Julius II. Um 1511 (Kopie Tizians)	Uffizien
Bildnis des Perugino	Uffizien
Madonna del Granduca 1504–1505 (Vom Großherzog Ferdinando III. erworben)	Palazzo Pitti
La Donna Gravida 1506	Palazzo Pitti
Bildnis des Agnolo Doni 1506 *(s. Abb. 159)*	Palazzo Pitti
Bildnis der Maddalena Doni 1506	Palazzo Pitti
Madonna del Baldacchino 1510–1511	Palazzo Pitti
Madonna mit dem Stieglitz 1510	Palazzo Pitti
Bildnis des Kardinals Bibbiena	Palazzo Pitti
La Donna Velata *(s. Abb. 160)*	Palazzo Pitti
Die hl. Familie 1514	Palazzo Pitti
Madonna della Sedia Tondo 1515–1516	Palazzo Pitti
Vision des Ezechiel 1516	Palazzo Pitti
Madonna dell' Impannata	Palazzo Pitti
Madonna in der Hoffnung	Palazzo Pitti
Bildnis des Kardinals Tommaso Inghirami	Palazzo Pitti
Madonna dell' Impannata (Kopie)	Palazzo Vecchio
Bildnis des Kardinals Dovizzi Saal Leos X.	Palazzo Vecchio

Sebastiano del Piombo (Sebastiano Luciani) M 1485–1547

Fornarina 1512	Uffizien
Tod des Adonis 1511–1512	Uffizien
Der Kranke 1520	Uffizien
Martyrium der hl. Agathe	Palazzo Pitti
Bildnis des Baccio Valori	Palazzo Pitti

Bernardino Luini M 1485–1532

Männliches Bildnis	Uffizien
Salome (Der Henker überreicht Herodes das Haupt des Johannes)	Uffizien
Caritas Romana	Museo Stibbert

Jacopo Sansovino B 1486–1570

Bacchus-Statue und Faun Marmor	Bargello
Marmorkapelle mit den Heiligen Jakobus und Matthäus 1490 28. Kapelle	S. Spirito
Jakobus Apostelstatue 1511–1518 Am Pfeiler des Chorraumes	Dom
Zwei Engel Terrakotta Quartier des Zwischengeschosses	Palazzo Vecchio

Andrea del Sarto M 1486–1531

Seine Grabplatte im Chor links der Kirche SS. Annunziata

Selbstbildnis 1528	Uffizien
Harpyien-Madonna 1517 *(s. Abb. 162)*	Uffizien
Der hl. Jakobus und zwei Knaben	Uffizien
Altartafel mit zwei Heiligen 1528 Dazu Predella: Vier Geschichten der Erzengel	Uffizien
Bildnis einer jungen Patrizierin	Uffizien
Enthauptung Johannes des Täufers	Uffizien
Zwei Engel	Uffizien
Verkündigung	Palazzo Pitti
Disputà 1517	Palazzo Pitti
Johannes der Täufer 1523	Palazzo Pitti
Himmelfahrt Mariä 1531	Palazzo Pitti
Szenen aus dem Leben Josephs Zwei Bilder von einer Brauttruhe	Palazzo Pitti
Die hl. Familie 1527	Palazzo Pitti
Selbstbildnis mit seiner Gemahlin	Palazzo Pitti
Hl. Jungfrau mit Kind 1529	Palazzo Pitti
Himmelfahrt Mariä mit Apostel 1523 (Mit Selbstbildnis in einer Apostelfigur)	Palazzo Pitti
Verkündigung 1529	Palazzo Pitti
Grablegung	Palazzo Pitti
Hl. Jungfrau mit Kind und vier Heiligen 1529	Palazzo Pitti
Verkündigung 1529–1530	Palazzo Pitti
Bildnis eines jungen Mannes	Palazzo Pitti
Kreuzabnahme 1524	Palazzo Pitti
Jungfrau über den Wolken, verehrt von sechs Heiligen 1528	Palazzo Pitti
Geburt Mariä Fresko 1514 Atrium	SS. Annunziata
Zug der Hl. Drei Könige Fresko Atrium	SS. Annunziata

Spieler werden vom Blitz getroffen Fresko 1514 Atrium	SS. Annunziata
Heilung eines Besessenen Fresko Atrium	SS. Annunziata
Tod des hl. Philippus Fresko Atrium	SS. Annunziata
Kinder werden durch Berührung des hl. Gewandes geheilt Fresko Atrium	SS. Annunziata
Madonna del Sacco Fresko Über der Tür vom linken Querschiff zum Kreuzgang der Toten	SS. Annunziata
Erlöser Altargemälde Cappella dell' Annunziata	SS. Annunziata
Christuskopf, eingefügt in einem Relief am Altar Cappella dell' Annunziata	SS. Annunziata
Madonna mit Kind Altarbild Kapelle der Eleonora von Toledo	Palazzo Vecchio
Aus dem Leben Johannes des Täufers Zwei einfarbige Fresken	Chiostro dello Scalzo
Themen aus der Römischen Geschichte mit Bezug auf die Medici	Villa Poggio a Caiano
Letztes Abendmahl Fresko 1527 Im früheren Kloster S. Salvi	Museo Andrea del Sarto

3 Die Künstler zur Zeit der Regierung des Großherzogs Cosimo I. de' Medici († 1574). Ausklang der Renaissance

Baccio Bandinelli B 1487–1559

Grab bei der Pietà in der Kirche SS. Annunziata

Grenzsteine als Kettenhalter	Vor dem Palazzo Vecchio
Entwurf des Neptunsbrunnens 1572 Auftrag Cosimos I. *(vgl. Abb. 99)*	Vor dem Palazzo Vecchio
Herkules und Cacus 1530–1534	Vor dem Palazzo Vecchio
Statuen: Papst Leo X. de' Medici Saal der Fünfhundert	Palazzo Vecchio
Giovanni delle Bande Nere Saal der Fünfhundert	Palazzo Vecchio
Alessandro de' Medici Saal der Fünfhundert	Palazzo Vecchio

Cosimo I. de' Medici Saal der Fünfhundert	Palazzo Vecchio
Krönung Karls V. durch Papst Clemens VII. de' Medici Saal der Fünfhundert	Palazzo Vecchio
Große Pietà 1559 Rechtes Querschiff	SS. Annunziata
Apostel-Statue des Petrus 1515–1517 An einem Pfeiler des Chorraumes	Dom
88 Reliefs an den Schranken des achteckigen Chors 1555	Dom
Selbstbildnis Marmorrelief 1556 Vestibül	Dommuseum
Reliefgeschmücktes Denkmal des Giovanni de' Medici, gen. delle Bande Nere 1540 Ostseite *(s. Farbt. 13)*	Piazza S. Lorenzo
Orpheus-Statue Hofmitte	Palazzo Medici
Pietà Pazzi-Kapelle	S. Croce
Gottvater-Statue	S. Croce (Museum)
Laokoon (Kopie für Papst Clemens VII.)	Uffizien
Bacchus-Statue	Palazzo Pitti
Bronzestatuetten	Bargello
Adam und Eva Gruppe im Hof	Bargello

Giulio Romano M 1492–1546

Apoll und die Musen	Palazzo Pitti
Hl. Johannes als Knabe in der Wüste	Accademia

Jacopo da Pontormo (Jacopo Carrucci) M 1494–1556

Sein Grab in der Malerkapelle der Kirche SS. Annunziata

Leda mit dem Schwan	Uffizien
Bildnis einer jungen Frau	Uffizien
Bildnis der Maria Salviati 1537 (Mutter Cosimos I.)	Uffizien
Bildnis des Musikers Francesco d' Ajolla	Uffizien
Bildnis Cosimos des Alten *(s. Farbt. 23)*	Uffizien
Christus mit den Jüngern in Emmaus	Uffizien
Martyrium des hl. Mauritius und der 11000 Märtyrer 1530–1531	Uffizien
Hl. Antonius	Uffizien
Vertreibung aus dem Paradies 1530	Uffizien
Madonna mit Kind zwischen den Heiligen Hieronymus und Franziskus	Uffizien
Bildnis einer Unbekannten	Uffizien
Allegorie der Caritas 1530	Uffizien
Geburt Johannes des Täufers Tondo auf Holz	Uffizien

Anbetung der Könige	Palazzo Pitti
Bildnis des Francesco da Castiglione	Palazzo Pitti
Bildnis einer Frau	Palazzo Pitti
Marter der 11 000 Märtyrer	Palazzo Pitti
Venus und Amor Predella 1539	Accademia
Geschichte des Lebens einer Heiligen Fresko	Accademia
Bildnis der Vittoria Colonna	Casa Buonarroti
Schutzmantelmadonna Pinakothek	Findelhaus
Bildnis Cosimos I.	Palazzo Medici
Dekorative Fresken 1521	Villa Poggio a Caiano
Themen aus der Römischen Geschichte mit Bezug auf die Medici Fresken	Villa Poggio a Caiano
Madonna und Heilige (Jugendwerk) 1513	SS. Annunziata
Heimsuchung Fresko 1516 Atrium	SS. Annunziata
Kreuzabnahme *(s. Abb. 163)*	S. Felicità

Francesco da Sangallo B 1494–1576

Statue des Historikers Paolo Giovio 1560 Neben der Tür zur Bibliothek	S. Lorenzo
Grabmahl des Bischofs Mazzi de' Medici	SS. Annunziata
Büste des Giovanni delle Bande Nere	Bargello

Francesco Bacchiacca (Francesco Ubertini) M 1494–1557

Hl. Magdalena	Palazzo Pitti
Geschichte aus dem Leben des hl. Achatius	Uffizien
Kreuzabnahme	Uffizien

Correggio (Antonio Allegri) M 1489–1534

Madonna in der Glorie 1512–1515	Uffizien
Ruhe auf der Flucht nach Ägypten 1515	Uffizien
Anbetung des Kindes 1518–1520	Uffizien

Rosso Fiorentino (Giovanni Battista di Jacopo de' Rosso) M 1494–1540

Moses verteidigt die Töchter Jethros *(s. Abb. 164)*	Uffizien
Thronende Madonna mit Johannes dem Täufer und Heiligen	Uffizien
Bildnis eines jungen Mädchens	Uffizien

Musizierender Putto 1520	Uffizien
Die drei Parzen	Palazzo Pitti
Die hl. Jungfrau auf dem Thron mit Heiligen	Palazzo Pitti
Himmelfahrt Mariä Fresko 1515 Atrium	SS. Annunziata
Hochzeit Mariä Altarbild 1523 2. Kapelle rechtes Seitenschiff	S. Lorenzo

Francesco del Tadda B 1497–1583

Porphyrmedaillons der Medici	Palazzo Medici
Statue der Gerechtigkeit 1581	Piazza S. Trinità
Porphyrschale Um 1565	Hof des Palazzo Vecchio

Benvenuto Cellini B 1500–1571

Grabplatte in der Malerkapelle (unter dem Teppich) der Kirche SS. Annunziata

Ganymed Bronzeplastik	Bargello
Cosimo I. Bronzebüste 1545–1548	Bargello
Medaillon mit einem Windhund	Bargello
Perseus befreit Andromeda vor den Seeungeheuern Sockelrelief zum »Perseus«	Bargello
Apollo und Hyazinthus Marmor 1547	Bargello
Narzissus Marmor	Bargello
Wachsbild des Francesco de' Medici für Bianca Cappello	Bargello
Perseus mit dem Haupt der Medusa 1545–1554 *(s. Abb. 165)*	Loggia dei Lanzi
Der Herbst Wachsarbeit Zwischengeschoß	Palazzo Vecchio

Parmigianino (Francesco Mazzola) M 1503–1540

Männliches Bildnis 1534 (Selbstbildnis?)	Uffizien
Die Madonna mit dem hl. Zacharias 1523–1528 *(s. Abb. 166)*	Uffizien
Die Madonna mit dem langen Hals 1534–1540	Uffizien

Raffaello da Montelupo B 1503–1570

Hl. Damian Rechte Heiligenfigur über Lorenzos und Giulianos Grab Neue Sakristei	S. Lorenzo
Holzkreuz 1540. Ehem. Kloster S. Apollonia	Museo Castagno

115 Gentile da Fabriano, Geburt Christi. Uffizien

116 Filippo Brunelleschi, Das Opfer Isaaks. Bargello

117 Lorenzo Ghiberti, Der Evangelist Markus. Nordportal des Baptisteriums

118 Nanni di Banco, Sockel der Eligius-Statue. Or San Michele

119 Donatello, Judith tötet Holofernes.
Vor dem Palazzo Vecchio

120 Donatello, Der hl. Georg. Bargello

121 Masolino, Detail des Freskos »Petrus erweckt die Tabita«, S. Maria del Carmine

122 Fra Angelico, Verkündigung (Detail). Museo di S. Marco

123 Michelozzo, Madonna mit dem Kind. Bargello

124 Luca della Robbia, Detail der Sängerkanzel. Dommuseum

25 Masaccio, »Der Zinsgroschen« (Detail). S. Maria del Carmine

126 Masaccio, Hl. Anna Selbdritt. Uffizien

127 Fra Filippo Lippi, Madonna mit dem Kind (Detail). Palazzo Pitti

128 Neri di Bicci, Die Jungfrau betet das Jesuskind an (Detail). Palazzo Medici

129 Bernardo Rossellino, Grabmal des Leonardo Bruni (Detail). S. Croce

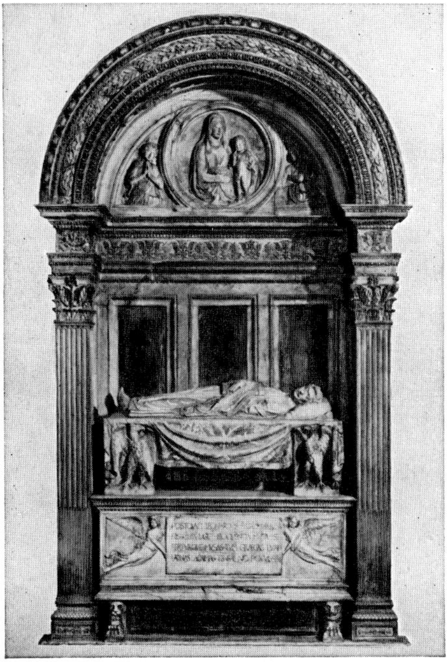

130 Piero della Francesca, Bildnis des Herzogs Federigo da Montefeltro. Uffizien

131 Benozzo Gozzoli, Die mystische Vermählung der hl. Katharina. Uffizien

132 Andrea del Castagno, Christus und der hl. Julian (Detail). SS. Annunziata

133 Alessio Baldovinetti, Verkündigung (Detail). Uffizien

134 Giovanni Bellini, Christliche Allegorie (Detail). Uffizien

135 Antonio Rossellino, Bildnis des Matteo Palmieri. Bargello

136 Desiderio da Settignano, Grabmal des Carlo Marsuppini (Detail). S. Croce

137 Andrea Mantegna, Himmelfahrt Christi. Uffizien

138 Antonio Pollaiuolo, Herkules und Antäus. Bargello

139 Benedetto da Maiano, Büste des Pietro Mellini. Bargello

140 Andrea della Robbia, Mädchenkopf. Bargello

141 Andrea del Verrocchio, Taufe Christi. Uffizien

142 Luca Signorelli, Madonna mit dem Kind. Uffizien

143 Piero Pollaiuolo, Bildnis des Galeazzo Sforza. Uffizien

144 Perugino, Bildnis des Francesco delle Opere. Uffizien

145 Sandro Botticelli, Die Tapferkeit. Uffizien

146 Giuliano da Sangallo, Grabmal der Familie Sassetti. S. Trinità

147 Domenico Ghirlandaio,
Geburt Mariens. S. Maria Novella

148 Domenico Ghirlandaio,
Anbetung der Könige (Detail).
Findelhaus

149 Leonardo da Vinci, Verkündigung. Uffizien

150 Lorenzo di Credi, Jüngling mit der roten Mütze. Uffizien

151 Andrea Sansovino, Johannes der Täufer. Museo Bardini

152 Filippino Lippi, Die Jungfrau erscheint dem hl. Bernhard. Badia

153 Sodoma, Der hl. Sebastian. Palazzo Pitti

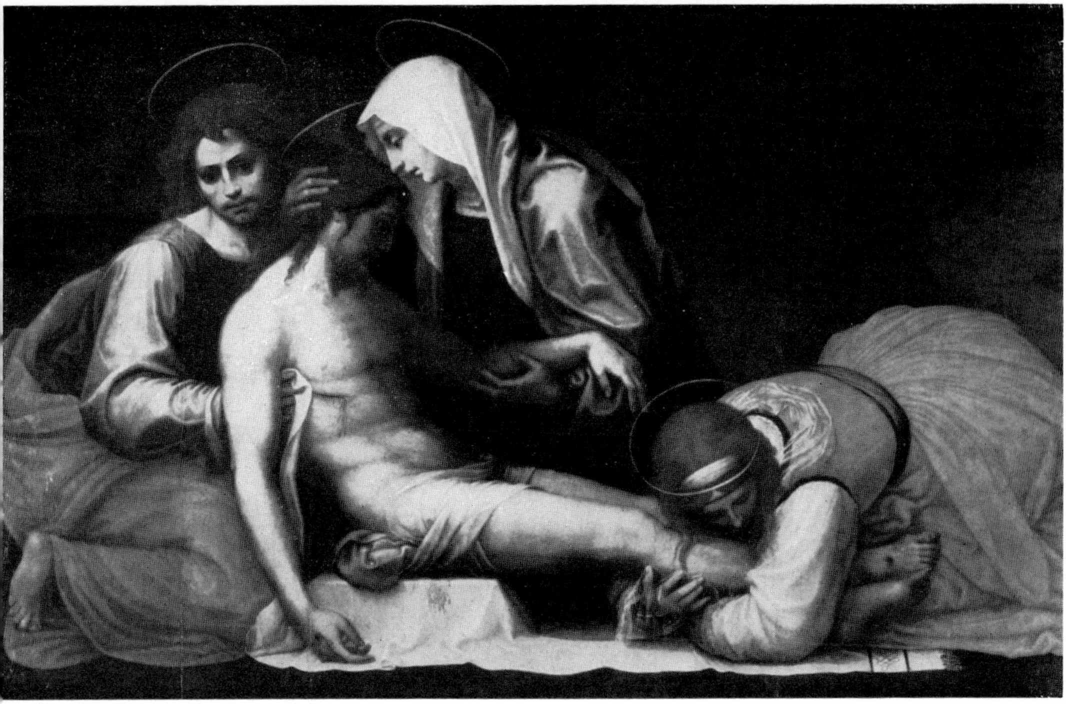

154 Fra Bartolommeo, Beweinung Christi. Palazzo Pitti

155 Michelangelo, Madonna (Detail). Medici-Kapelle, S. Lorenzo

156 Michelangelo, Die hl. Familie (Madonna Doni). Uffizien

157 Tizian, Bildnis des Francesco M. della Rovere. Uffizien

158 Tizian, Flora. Uffizien

159 Raffael, Bildnis des Angelo Doni. Palazzo Pitti

160 Raffael, La Donna Velata. Palazzo Pitti

161 Ridolfo del Ghirlandaio, Bildnis eines Goldschmieds. Palazzo Pitti

162 Andrea del Sarto, Harpyien-Madonna (Detail). Uffizien

163 Jacopo da Pontormo, Kreuzabnahme. S. Felicità

164 Rosso Fiorentino, Moses verteidigt die Töchter Jethros. Uffizien

165 Benvenuto Cellini, Perseus mit dem Haupt der Medusa. Loggia dei Lanzi

166 Parmigianino, Madonna mit dem hl. Zacharias. Uffizien

167 Angelo Montorsoli, Der hl. Kosmas (Detail). S. Lorenzo

68 Giorgio Vasari, Unbefleckte Empfängnis. SS. Apostoli

169 Tintoretto, Bildnis des Jacopo Sansovino. Uffizien

70 Giambologna, Geflügelter Merkur. Bargello

171 Francesco Salviati, Caritas (Detail). Uffizien

172 Alessandro Allori, Bianca Cappello de' Medici. Uffizien

173 Paolo Veronese, Bildnis des Daniele Barbaro. Palazzo Pitti

174 Jacopo da Empoli, Trauung der Caterina de' Medici mit dem französischen Thronfolger durch Papst Clemens VII. Palazzo Medici

Agnolo Bronzino M 1503–1572

Hofmaler Cosimos I.

Cosimo I. de' Medici 1545	Uffizien
Eleonora von Toledo, Gemahlin Cosimos I., mit ihrem Sohn Garzia 1545 *(s. Abb. 97)*	Uffizien
Bildnis des Garzia de' Medici mit einem Vogel	Uffizien
Bildnis Marias, der früh verstorbenen Tochter Cosimos I. 1553	Uffizien
Bildnis eines jungen Mädchens mit Buch 1545	Uffizien
Bildnis des Bartolommeo Panciatichi 1540	Uffizien
Bildnis der Lucrezia Panciatichi 1540	Uffizien
Der tote Christus 1530	Uffizien
Die hl. Familie 1540	Uffizien
Bildnis des Francesco de' Medici 1553	Uffizien
Bildnis des Pietro de' Medici *(s. Abb. 108)*	Uffizien
Bildnis des Giovanni de' Medici *(s. Abb. 104)*	Uffizien
Allegorie der Glückseligkeit Kupfer 1565	Uffizien
Cosimo I.	Palazzo Pitti
Bildnis des Garzia de' Medici 1561 *(s. Abb. 106)*	Palazzo Pitti
Bildnis der Lucrezia de' Medici	Palazzo Pitti
Bildnis des Luca Martini	Palazzo Pitti
Bildnis des Guidobaldo della Rovere	Palazzo Pitti
Bildnis der Laudomia de' Medici	Palazzo Pitti
Bildnis der Bianca Cappello	Palazzo Pitti
Zahlreiche Bildnisse der Familie Medici *(s. Abb. 15, 30, 62, 77, 86, 102, 105, 107)*	Palazzo Medici
Die Familie de' Medici (Heilige darstellend)	Palazzo Medici
Mosesgeschichte Kapelle der Eleonora von Toledo 1544–1564	Palazzo Vecchio
Madonna mit dem Kind Zwischengeschoß	Palazzo Vecchio
Zwei Bildnisse Cosimos I. und der Eleonora von Toledo Studiolo Francescos, Sohn Cosimos I.	Palazzo Vecchio
Bildnis der Laura Battiferri Zwischengeschoß	Palazzo Vecchio
Altarbild in der Kapelle der Eleonora von Toledo Zwischengeschoß	Palazzo Vecchio
Christi Abstieg in die Vorhölle 1552 Altes Refektorium	S. Croce (Museum)
Pietà Wandgemälde Linkes Seitenschiff zwischen 4. und 5. Altar	S. Croce
Erweckung des Töchterchens des Jaira Gaddi-Kapelle	S. Maria Novella
Dreieinigkeit Fresko (Unter Mitarbeit von Alessandro Allori) Malerkapelle	SS. Annunziata

Auferstehung 6. Kapelle der Chorrotunde	SS. Annunziata
Martyrium des hl. Laurentius 1565–1569 Linkes Seitenschiff	S. Lorenzo
Cosimo I.	Museo Stibbert
Kreuzabnahme	Accademia

Angelo Montorsoli B 1507–1563

Der hl. Kosmas Linke Heiligenfigur über Lorenzos und Giulianos Grab Neue Sakristei *(s. Abb. 167)*	S. Lorenzo
Ehemaliger Kapitelsaal des Klosters SS. Annunziata Zwischen 1552 und 1572 zur »Malerkapelle« umgebaut	SS. Annunziata

Cecchino Salviati (Francesco de' Rossi) M 1510–1563

Bildnis eines Edelmannes	Uffizien
Caritas 1544–1548 *(s. Abb. 171)*	Uffizien
Die drei Parzen	Palazzo Pitti
Patientia	Palazzo Pitti
Männliches Bildnis	Palazzo Pitti
Pietà	Palazzo Pitti
Bildnis eines Edelmannes	Museo Bardini
Kreuzabnahme	S. Croce (Museum)
Fresken im großen Audienzsaal 1550–1560	Palazzo Vecchio

Jacopo Bassano (Jacopo da Ponte) M 1510–1592

Adam und Eva	Palazzo Pitti
Bildnis einer Frau	Palazzo Pitti
Bildnis eines Edelmannes	Museo Bardini
Reitergefecht Fresko auf Schiefer Zwischengeschoß	Palazzo Vecchio
Allegorien Wandmalerei Raum der Elemente	Palazzo Vecchio
Bildnis eines Künstlers	Uffizien
Brennender Dornbusch	Uffizien
Jagdhunde Genrebild	Uffizien

Bartolommeo Ammanati A B 1511–1592

Bau des Palazzo Grifoni (Heute Museo Riccardi) 1557	Piazza della SS. Annunziata
Erneuerung des Ponte alla Carraia 1559	Piazza Goldoni

Neptunsbrunnen Nach Entwurf von Bandinelli 1563–1575 *(s. Abb. 99)* — Vor dem Palazzo Vecchio
Ponte S. Trinità 1566–1569 *(s. Abb. 3)*
Kirche S. Giovanni Evangelista 1579 — Via Gori
Grabstatue des Mario Neri im Hofe des — Bargello

Giorgio Vasari B M 1511–1574

Perseus befreit Andromeda Schatzkammer — Palazzo Vecchio
Saaldecke aus 39 Feldern mit Darstellungen aus der Geschichte der Medici und Schlachtenbildern 1563–1565 Saal der Fünfhundert *(s. Abb. 16, 70, 89, 90, 91)* — Palazzo Vecchio
Erweiterung von fünf Sälen und Loggien und deren Ausmalung 1555–1565 2. Geschoß links — Palazzo Vecchio
Bildnis des Herzogs Alessandro de' Medici *(s. Abb. 81)* — Palazzo Medici
Abendmahl — S. Croce (Museum)
Steinerne Tabernakel 1566–1584 Längs der Seitenwände — S. Croce
Ungläubiger Thomas Altargemälde Linkes Seitenschiff 4. Altar — S. Croce
Grabmal Michelangelos 1568–1573 (Büste von Volterra) Rechtes Seitenschiff — S. Croce
Pfingsten Altarbild 1568 1. Altar vom Chor — S. Croce
Auferstehung Gemälde 1568 Über dem 4. Altar links — S. Maria Novella
Rosenkranzmadonna 1570 Bardi-Kapelle — S. Maria Novella
Loggia di San Paolo — Piazza S. Maria Novella
Darstellung der Himmelfahrt 1566 Über dem Grab des Grafen Ugo — Badia
Szenen aus dem Alten und Neuen Testament Grisellen Malerkapelle — SS. Annunziata
Kuppelfresken 1572–1574 (Beendet von seinem Schüler Zuccari) Kuppelraum — Dom
Loggia del Mercato Nuovo (heute Verkaufsstelle für einheimische Waren) 1547–1551 — Via Porta Rossa
Bau der Uffizien 1560–1570 *(s. Abb. 109)* — Piazzale degli Uffizi
Bildnis Lorenzos des Prächtigen *(s. Abb. 43)* — Uffizien
Schmiede des Vulcan — Uffizien
Geburt der Jungfrau — Palazzo Pitti
Vision des Grafen Ugo — Palazzo Pitti
Die hl. Familie — Palazzo Pitti

Versuchung des hl. Hieronymus	Palazzo Pitti
Die Unbefleckte Empfängnis *(s. Abb. 168)*	SS. Apostoli

Tintoretto (Jacopo Robusti) M 1518–1592

Männliches Bildnis	Uffizien
Bildnis des Jacopo Sansovino *(s. Abb. 169)*	Uffizien
Christus und die Samariterin	Uffizien
Leda mit dem Schwan 1570	Uffizien
Bildnis eines Mannes mit rotem Haar	Uffizien
Erscheinung des hl. Augustinus	Uffizien
Bildnis eines Greises	Uffizien
Bildnis eines Admirals	Uffizien
Bildnis eines Edelmannes	Uffizien
Madonna der Empfängnis 1560–1570	Palazzo Pitti
Venus, Vulcan und Amor	Palazzo Pitti
Bildnis des Luigi Cornaro	Palazzo Pitti
Bildnis des Vincenzo Zeno	Palazzo Pitti
Bildnis eines alten Mannes	Palazzo Pitti
Bildnis des Andrea Frizier Um 1575	Palazzo Pitti
Bildnis eines jungen Mannes	Palazzo Pitti
Die hl. Jungfrau und das Kind	Palazzo Pitti

Andrea Schiavone (Andrea Meldolla) M 1522–1563

Samson tötet die Philister	Palazzo Pitti
Anbetung der Hirten	Palazzo Pitti
Bildnis eines Mannes im Franziskanergewand	Palazzo Pitti

Giambologna (Giovanni da Bologna) B 1524–1608

Hofbildhauer unter drei Herzögen de' Medici. Grab in der von ihm geschaffenen mittleren Kapelle der Chorrotunde von SS. Annunziata

Hl. Antonius Liegende Bronzefigur Sakristei	S. Marco
Triumphbogen Rechte Seite 4. Altar	S. Marco
Kapelle des hl. Antonius 1578–1598 Linke Seite	S. Marco
Mittelkapelle der Chorrotunde Umgebaut 1594–1598 Mit großem Kruzifix	SS. Annunziata
Statue Cosimos I. Malerkapelle	SS. Annunziata
Reiterstatue Ferdinandos I. de' Medici 1608	Piazza SS. Annunziata
Reiterstatue Cosimos I. de' Medici 1594 *(s. Farbt. 14)*	Piazza della Signoria

Bronzeschildkröten unter dem Obelisken	Piazza di S. Maria Novella
Hl. Lukas 1601 Außenfigur	Or San Michele
Acht Bronzestatuen im Studiolo des Francesco de' Medici	Palazzo Vecchio
Herkules und die Hydra Zwischengeschoß	Palazzo Vecchio
Teufelchen Bronze Terrasse des Saturn	Palazzo Vecchio
Apollo Bronzestatuette im Studiolo des Francesco de' Medici	Palazzo Vecchio
Juno Bronzestatuette im Studiolo des Francesco de' Medici	Palazzo Vecchio
Raub der Sabinerinnen Marmorgruppe 1583	Loggia dei Lanzi
Kampf des Herkules mit dem Kentauren Nessus Marmor	Loggia dei Lanzi
Oceanus-Brunnen (Kopie) Boboli-Garten	Palazzo Pitti
Statue der Fruchtbarkeit Boboli-Garten	Palazzo Pitti
Venus 1573 In der 3. Grotte	Palazzo Pitti
Oceanus-Brunnen (Original)	Bargello
Herkules, ein Wildschwein tragend Bronze	Bargello
Geflügelter Merkur Bronze, Architektur aus Marmor 1564 *(s. Abb. 170)*	Bargello
Putto, Adler, Gereizter Truthahn Drei Bronzen	Bargello
Flußgottheit Terrakotta 1569-1570 Entwürfe	Bargello
Reiterstandbild des Alessandro Farnese 1612 Wachsentwurf	Bargello
Tugend besiegt das Laster	Bargello
Allegorie der Architektur	Bargello

Giovanni Battista Moroni M 1525–1578

Bildnis des Grafen Pietro Secco 1563	Uffizien
Bildnis des Giovanni Antonio Pantera	Uffizien
Bildnis eines Mannes mit Buch	Uffizien
Männer- und Frauenbildnis	Palazzo Pitti
Bildnis eines älteren Edelmannes	Palazzo Pitti
Bildnis eines Edelmannes	Palazzo Pitti
Bildnis einer Dame	Palazzo Pitti
Gemälde	Museo Stibbert

Vincenzo de' Rossi B 1525–1587

Die Arbeiten des Herkules Marmorgruppe Saal der Fünfhundert	Palazzo Vecchio
Grenzsteinhalter	Vor dem Palazzo Vecchio

Paolo Veronese (Paolo Caliari) M 1528–1588	
Verkündigung	Uffizien
Krönung der hl. Agathe	Uffizien
Hl. Familie mit der hl. Barbara Um 1575	Uffizien
Martyrium der hl. Justina	Uffizien
Esther und Ahasver	Uffizien
Taufe Christi	Palazzo Pitti
Sacra Conversazione 1575–1577	Palazzo Pitti
Bildnis eines Edelmannes	Palazzo Pitti
Bildnis des Daniele Barbaro *(s. Abb. 173)*	Palazzo Pitti

Vincenzo Danti B 1530–1576	
Schranktür in Bronze 1560 Auftrag Casimos I.	Bargello
Relief der Ehernen Schlange Auftrag Cosimos I.	Bargello
Allegorische Gruppe: »Die Ehre besiegt die Falschheit« Um 1564	Bargello
Madonna mit Kind Statue 1568 Baroncelli-Kapelle Rechtes Querschiff	S. Croce
Enthauptung Johannes des Täufers 1571 Über dem Südportal Außenwand	Baptisterium

Alessandro Allori M 1535–1607	
Gastmahl der Kleopatra Schatzkammer	Palazzo Vecchio
Perlenfischerei	Palazzo Vecchio
Porträt des Francesco de' Medici und seiner Geliebten und späteren Gemahlin Bianca Cappello	Palazzo Medici
Porträt Giulianos, Herzogs von Nemours *(s. Abb. 72)*	Palazzo Medici
Gemalte Architektur in der letzten Kapelle im Chorrundgang	SS. Annunziata
Jüngstes Gericht 1560 Linkes Seitenschiff 3. Kapelle	SS. Annunziata
Szenen aus dem Leben Christi Linkes Seitenschiff 2. Kapelle	SS. Annunziata
Dreieinigkeit Fresko (Unter Mitarbeit von Bronzino) Malerkapelle	SS. Annunziata
Der hl. Hyazinthus 1596 Linkes Seitenschiff 6. Altar	S. Maria Novella
Ausmalung der Decke 1572 In der Gaddi-Kapelle	S. Maria Novella
Christus und die Samariterin 1575 Altargemälde 2. Altar	S. Maria Novella
Marter der Zehntausend 1574 20. Kapelle	S. Spirito

Christus und die Ehebrecherin 1577 21. Kapelle	S. Spirito
Fresken im 2. Raum der Kapelle des hl. Antonius	S. Marco
Abendmahl 1581–1582 Refektorium	S. Maria del Carmine
Venus und Adonis	Palazzo Pitti
Madonna mit dem Kind	Palazzo Pitti
Predigt Johannes des Täufers	Palazzo Pitti
Bianca Cappello de' Medici *(s. Abb. 172)*	Uffizien
Der hl. Petrus schreitet auf dem Wasser	Uffizien
Das Opfer Isaaks 1600	Uffizien
Venus und Cupido	Uffizien
Torquato Tasso	Uffizien
Herkules und die Musen	Uffizien
Spanischer Edelmann	Museo Stibbert
Cosimo I.	Museo Stibbert
Maddalena mit dem Brevier	Museo Stibbert
Die hl. Jungfrau mit dem Kind zwischen Rachel und Lea 1575	Accademia
Krönung der hl. Jungfrau 1593	Accademia
Verkündigung 1579	Accademia
Verkündigung 1603	Accademia

Santi di Tito M 1536–1603

Herkules und Iole Schatzkammer	Palazzo Vecchio
Der Zug durch das Rote Meer Schatzkammer	Palazzo Vecchio
Salomos Tempelbau 1571 Malerkapelle	SS. Annunziata
Vision des hl. Thomas von Aquino Altarbild Rechte Seite 1. Altar	S. Marco
Auferweckung Altarbild Linke Seite 1. Altar	S. Maria Novella
Verkündigung Gemälde 1603 Linke Seite 3. Altar	S. Maria Novella
Das Mahl zu Emmaus Linke Seite 3. Kapelle	S. Croce
Auferstehung Christi Linke Seite 2. Altar	S. Croce
Madonna mit Kind und hl. Johannes	Museo Bardini
Giovanni de' Medici	Palazzo Pitti
Jesu Einzug in Jerusalem	Accademia
Die Schwestern Phaëtons werden in Pappeln verwandelt Schatzkammer	Palazzo Vecchio

Giovanni dell' Opera (Giovanni Bandini) M B 1540–1598

Zehn Nischenfiguren Stuck Malerkapelle	SS. Annunziata
Im Tempel Fresko 1572 Gaddi-Kapelle	S. Maria Novella
Hochzeit Mariä Fresko 1572	S. Maria Novella

Jacopo da Empoli (Jacopo Chimenti) M 1551–1640

Bildnis des Battista Gambetti 1594	Palazzo Pitti
Madonna des Beistandes	Palazzo Pitti
Stilleben 1624	Palazzo Pitti
Beschützer der Waisen	Palazzo Pitti
Stilleben	Palazzo Pitti
Trauung der Caterina de' Medici durch Papst Clemens VII. *(s. Abb. 174)*	Palazzo Medici
Übergabe der Schlüssel Fresko Usimbardi-Kapelle	S. Trinità
Michelangelo legt Leo X. die Pläne für S. Lorenzo vor *(s. Abb. 67)*	Casa Buonarroti

Bibliographie

Andrieux, Maurice: *Les Médicis* (Paris 1958)

Barfucci, Enrico: *Lorenzo de' Medici* (Florenz 1964)

Bargellino, Pietro: *La Splendida Storia di Firenze* (Florenz 1965)

Barincou, Edmond: *Niccolò Machiavelli* (Reinbek 1958)

Berti, Pietro: *Nuovi documenti intorno al catasto fiorentino* (Giornale Storico degli Archivi Toscani IV, 32–62)

Brandi, Karl: *Die Renaissance* (Propyläen-Weltgeschichte Band 4, Berlin 1932)

Buck, August: *Der Platonismus in den Dichtungen Lorenzo de' Medicis* (Berlin 1936)

Burckhardt, Jacob: *Cicerone* [erste Ausgabe 1855] (Stuttgart 1964)

Burckhardt, Jacob: *Die Kultur der Renaissance in Italien* [erste Ausgabe 1860] (Wien, Leipzig 1939)

Cecchi, E.: *Florentiner Plastik* (Zürich 1951)

Chronologica Series Simulacrorum Regiae Familiae Mediceae – Centum, expressa Toreumis Florentiae MDCCLXI apud Josephum Allegrini (Florenz 1761)

Dorini, Umberto: *I Medici* (Florenz 1947)

Friedell, Egon: *Kulturgeschichte der Neuzeit* (München 1927)

Garin, Eugenio: *Die Kultur der Renaissance* (Propyläen-Weltgeschichte Band 6, Berlin, Frankfurt, Wien 1964)

Grote, Andreas: *Florenz* (München 1965)

Gutkind, Curt: *Cosimo de' Medici il vecchio* (Florenz 1940)

Hay, Denis: *Geschichte Italiens in der Renaissance* (Stuttgart 1962)

Kühner, Hans: *Caterina Sforza* (Zürich, Stuttgart 1957)

Lindemann, Gottfried: *Triumph der Renaissance* (Braunschweig 1966)

Lucas-Dubreton, Jean: *So lebten die Florentiner zur Zeit der Medici* (Stuttgart 1961)

Machiavelli, Niccolò: *Geschichte von Florenz* [verfaßt 1521–1525] (Wien 1934)

Mackowski, Hans: *Michelangelo* (Berlin 1921)

McCarthy, Mary: *Florenz* (Zürich 1967)

de' Medici, Cosimo [I., Großherzog]: *Zwischen Mars und Apoll.* Unveröffentlichte Briefe (übers. v. Richard Hoffmann, Wien 1946)

de' Medici, Lorenzo il Magnifico: *Dichtungen* (übers. u. erl. v. Carl Stange, Bremen 1940)

Murray, Peter und Linda: *Die Kunst der Renaissance* (Zürich 1965)

de Roover, Raymond: *The Rise and Decline of the Medici Bank* (Cambridge, Mass. 1963)

Rubinstein, Nicolai: *The Government of Florence under the Medici* (Oxford 1966)

Scheffler, Karl: *Italien* (Leipzig 1916)

Schevill, Ferdinand: *The Medici* (New York 1960)

Schevill, Ferdinand: *History of Florence* (New York 1961)

Ugolino, Luigi: *Lorenzo il Magnifico* (Turin 1959)

Vasari, Giorgio: *Lebensbeschreibungen der ausgezeichnetsten Maler, Bildhauer und Architekten der Renaissance* [verfaßt 1546 bis 1549] (hrsg. v. Ernst Jaffé, Berlin 1913)

Vorländer, Karl: *Philosophie der Renaissance* (bearb. v. Hinrich Knittermeyer, Reinbek 1965)

Wölfflin, Heinrich: *Die klassische Kunst* [erste Auflage 1898] (München 1908)

Wölfflin, Heinrich: *Renaissance und Barock* [erste Auflage 1888] (München 1925)

Wucher, Albert: *Kleine Papstgeschichte* (Gütersloh 1965)

Young, George Frederick: *Die Medici* [erste Auflage 1911] (München 1950)

Zeittafel

275 v. Chr. Endgültiger Sieg der Römer über die Etrusker
59 v. Chr. Gründung der Colonia Florentina durch Cäsar
774 Karl der Große in Florenz
1055 Kaiser Heinrich III. erhebt Florenz zur Reichsstadt
1155 Tod der Markgräfin Mathilde von Toskana
nach 1250 Florenz besetzt San Gimignano, Poggibonsi, Volterra und schließt mit Pisa, Siena, Pistoia und Arezzo Verträge
1260 Florenz unterliegt Siena bei Montaperti
1265 Dante Alighieri in Florenz geboren
1266 Giotto di Bondone in Colle di Vespignano bei Florenz geboren
1269 Florenz besiegt Siena
1282 Die Republik Florenz wird von den Zünften regiert, deren Vorsteher die Signoria bilden; demokratische Verfassung
1284 Seeschlacht von Meloria; Genua vernichtet die Seemacht der Republik Pisa
1289 Florenz besiegt Arezzo
1293 Parteikämpfe in Florenz enden mit dem Sieg der Guelfen (Schwarzen) und der Verbannung der Ghibellinen (Weißen)
1294 Florenz besetzt Pistoia
1302 Dante wird aus Florenz verbannt
1303 Giotto beginnt die Fresken in der Arenakapelle zu Padua
1315 Florenz unterliegt Pisa bei Montecatini
1321 Dante stirbt im Exil in Ravenna
1328 Herzog Karl von Kalabrien herrscht in Florenz
1329 Florenz übernimmt Pistoia
1337 Florenz kauft Arezzo. Giotto stirbt
1341 Petrarca wird in Rom zum Dichter gekrönt
1342 In Florenz herrscht der Herzog von Athen Gualtieri di Brienne
1347 Florenz unterwirft San Miniato al Tedesco. Cola di Rienzi versucht Italien zu einen
1348 *Vieri di Cambio läßt sich in die Rolle der Bankierzunft von Florenz eintragen.* Pest in Florenz, Dezimierung der Bevölkerung von 120000 auf 40000 Enwohner. Boccaccio beginnt den »Decamerone«. Gründung der Universität Prag
1353 Peter Parler wird von Kaiser Karl IV. nach Prag berufen
1354 Florenz übernimmt San Gimignano
1355 Karl IV. von Luxemburg, in Rom zum deutschen Kaiser gekrönt, gibt die Herrschaft in Italien auf. Die Türken erobern Gallipoli

1357 Neubau des Doms von Florenz
1358 Bund der deutschen Hanse zur Sicherung von Handelsvorteilen
1361 Florenz übernimmt Volterra. Gründung der Universität Pavia
1362 Adrianopel fällt in die Hände der Türken
um 1370 Oxford wird geistiger Mittelpunkt Englands. *Die Medici-Bank ist eine der führenden Banken in Florenz*
1374 Petrarca stirbt
1377 Papst Gregor XI. kehrt nach Rom zurück, Ende der babylonischen Gefangenschaft der Kirche (seit 1309). Baubeginn des Ulmer Münsters
1378 Schisma: je ein Papst in Rom und Avignon (bis 1417). Die päpstliche Residenz wird in den Vatikan verlegt (bis 1308 im Lateran)
1381 Venedig siegt über Genua, Rivalität zu Mailand
1382 Triest kommt an das Herzogtum Österreich
1384 Zweiter Kauf von Arezzo durch Florenz
1386 Baubeginn des Mailänder Doms
1389 Die Türken erobern Serbien
1395 *Vieri di Cambio stirbt, sein Neffe Giovanni di Bicci übernimmt die römische Filiale der Bank*
1396 Manuel Chrysoloras beginnt in Florenz die griechische Sprache öffentlich zu lehren; Beginn des Studiums der altgriechischen Literatur
1397 Francesco Landini, Komponist und Organist aus Fiesole, stirbt in Florenz
um 1400 Blütezeit der Zünfte. Nürnberg führende deutsche Handelsstadt. Blüte des geistlichen Schauspiels in Italien. Aufkommen des Humanismus in Deutschland
1402 *Giovanni di Bicci wird Prior der Arte del Cambio in Florenz*
1406 Eroberung der Republik Pisa, Florenz wird Mittelmeermacht
1407 Gründung der Casa di San Giorgio in Venedig, der ersten öffentlichen Bank Europas
1409 Florenz unterwirft Pisa. Das Reformkonzil in Pisa stellt die Autorität des Konzils über die des Papstes
1410 Gleichzeitig drei Päpste: in Rom, Avignon und Mailand
1414 Das Reformkonzil in Konstanz (bis 1418) beendet das Schisma
1415 Heinrich V. von England erneuert den 100jährigen Krieg gegen Frankreich (seit 1339). Jan Hus wird als Ketzer verbrannt. Erscheinen des »Cicero novus« von Leonardo Bruni: Ideal der gebildeten und politisch tätigen Persönlichkeit
1419 Beginn der Hussitenkriege. Philipp der Gute wird Herzog von Burgund, sein Hof wird ein Mittelpunkt europäischer Kultur
1420 Venedig erneuert seine Herrschaft über die dalmatinische Küste
1421 *Giovanni di Bicci wird Gonfaloniere von Florenz (Führer des Volkes gegen die Optimaten); er begründet die Vormachtstellung des Hauses Medici, das über 300 Jahre Florenz inoffiziell, dann offiziell beherrscht*
1422 Die Türken belagern Konstantinopel
1423 Masaccio beginnt die Fresken der »Petrusgeschichte« in der Brancacci-Kapelle der Kirche Santa Maria del Carmine zu Florenz
1425 Ghiberti beginnt die Arbeit an der »Paradiestür« des Baptisteriums von Florenz
1428 Der Condottiere Carmagnola erobert Brescia und Bergamo von Mailand für Venedig. *Giovanni di Bicci de' Medici stirbt*

1429 Jeanne d'Arc entsetzt Orléans und erreicht die Krönung Karls VII. in Reims. Neuentdeckung der Azoren durch die Portugiesen. *Cosimo der Alte tritt an die Spitze der Volkspartei in Florenz*

1430 Donatello beginnt die Arbeit am Bronze-David

1431 Luca della Robbia arbeitet an der »Sängerkanzel«. François Villon geboren

1432 Jan van Eyck vollendet den Genter Altar. Rogier van der Weyden als Meister in Brüssel. Brunelleschi beendet den Kuppelbau des Doms von Florenz

1433 *Rinaldo degli Albizi erreicht bei der Signoria die Verbannung des Cosimo de' Medici*

1434 *Aufhebung der Verbannung Cosimos des Alten durch die Signoria von Florenz, Cosimo wird, zurückgekehrt, als Pater patriae vom Volk empfangen*

1436 Ende der Hussitenkriege. Alberti: »Della pittura« (Theorie der Malerei)

1437 Hans Multscher vollendet den Wurzacher Altar

1438 Leonardo Bruni, Kanzler der Republik Florenz, übersetzt die »Politik« des Aristoteles ins Italienische. Jacopo della Quercia vollendet die Reliefs von San Petronio zu Bologna. Kaiser Johannes VIII. von Byzanz tritt zum katholischen Glauben über, um die Hilfe des Westens gegen die Türken zu erlangen. Das Konzil von Ferrara und Florenz (bis 1442) beschließt die Vereinigung der römischen mit der oströmischen Kirche

1439 Auf dem Reformkonzil zu Basel (gegen das Konzil von Florenz gerichtet) wird Felix V. zum Gegenpapst gewählt. Ostdelegation des Florentiner Konzils vermittelt dem Westen antike Literatur und Philosophie

1440 Lorenzo della Valla, Humanist und scholastischer Philosoph, erbringt den Nachweis, daß die Konstantinische Schenkung eine Fälschung ist

1442 Stephan Lochner kommt nach Köln. Enea Silvio de' Piccolomini, Humanist und Geschichtsschreiber (ab 1458 Papst Pius II.), wird von Friedrich III. zum Dichter gekrönt

1443 Die Türken unterliegen dem ungarisch-polnischen Kreuzfahrerheer

1444 Michelozzo beginnt den Bau des Palazzo Medici. *Cosimo der Alte gründet die Biblioteca Laurenziana*

um 1445 Johannes Gutenberg erfindet den Druck mit gegossenen und beweglichen Lettern

1446 Die Türken erobern Griechenland

1447 Nikolaus V. wird Papst: Humanist, Gründer der vatikanischen Bibliothek, schließt 1448 mit Friedrich III. das Wiener Konkordat

1448 Lorenzo della Valla wird Sekretär am päpstlichen Hof

um 1450 Flandern ist Zentrum der Handelsbeziehungen in Europa. Der Condottiere Francesco Sforza wird Herzog von Mailand

1450 Alberti: »De re aedificatoria« (Theorie der Baukunst)

1453 Mohammed II. erobert Konstantinopel, Konstantin XII. Paläologos fällt. Ende des oströmischen Reiches, Flucht griechischer Gelehrter nach Italien

um 1455 Druck der 42zeiligen Gutenberg-Bibel

1457 Tod Ladislaus V. Posthumus, Kaiser Friedrich III. erbt Ober- und Niederösterreich

1459 *Cosimo der Alte stiftet die Platonische Akademie in Florenz*

1460 Portugiesen entdecken die Kapverdischen Inseln

1464 *Cosimo der Alte stirbt, sein Sohn Piero tritt die Herrschaft an.* Antonio Filarete widmet Piero de' Medici seinen »Trattato d' Architettura«. Nikolaus von Kues, deutscher Philosoph und Theologe, stirbt in Todi

1465 Hans Memling in Brügge. Sein Gemälde »Das letzte Gericht« mit den Stifterfiguren Angelo Tani, Manager der Medici-Filiale in Brügge, und seiner Frau
1466 Piero della Francesca vollendet seinen Freskenzyklus im Chor von San Francesco in Arezzo
1469 Seekrieg der Hanse gegen England. *Piero de' Medici (der Gichtische) stirbt, sein Sohn Lorenzo (der Prächtige) folgt ihm als Herr von Florenz*
um 1470 Venedig entwickelt sich zum bedeutendsten Druckort und Buchhandelsplatz. Die toskanisch-florentinische Sprache setzt sich als italienische Schriftsprache durch
1470 Portugiesen entdecken die Goldküste
1471 Ferrara wird unter dem Haus Este Herzogtum und Mittelpunkt der Renaissancekultur. Francesco della Rovere wird Papst (Sixtus IV.). Portugiesen überqueren den Äquator
um 1472 Jean Fouquet als Miniaturmaler am Hofe der Herzogin von Orléans
1472 Verrocchio vollendet das Grabmal Pieros des Gichtischen und seines Bruders Giovanni in der Alten Sakristei von San Lorenzo in Florenz
1473 Rudolf Agricola, niederländischer Frühhumanist, kommt nach Italien
1474 Botticelli malt die »Anbetung der Könige« mit den Bildnissen der Medici
1475 Tod des Condottiere Bartolomeo Colleoni
1478 *Pazzi-Verschwörung in Florenz, Mord an Giuliano de' Medici im florentiner Dom*
1479 Ferdinand V. (II.) von Aragonien wird durch Vereinigung von Aragonien und Kastilien König von Spanien
1480 Angelo Poliziano, Dichter und Kanzler Lorenzos des Prächtigen, wird Professor der griechischen und römischen Literatur in Florenz. Ludovico Sforza (il Moro) übernimmt die Herrschaft in Mailand
1481 Sixtus IV. beruft Botticelli, Perugino, Ghirlandaio, Signorelli und Rosselli zur Ausmalung der Sixtinischen Kapelle nach Rom
1482 Leonardo da Vinci verläßt Florenz und geht nach Mailand
1483 Richard III. wird König von England. Karl VIII. wird König von Frankreich, beansprucht das Königreich Neapel. Tilman Riemenschneider kommt nach Würzburg
1484 Die Bulle des Papstes Innozenz VIII. gegen Zauberei und Hexenwesen löst weitgreifende Hexenverfolgungen aus
1485 Ghirlandaio vollendet die Fresken der »Franziskuslegende« in der Sassetti-Kapelle der Kirche Santa Trinità zu Florenz. Heinrich VII. wird König von England; Erstarken des englischen Königtums unter dem Hause Tudor. Matthias Corvinus, König von Ungarn, erobert Wien
1485 Botticelli malt die »Geburt der Venus«
1486 Pico della Mirandola, Schüler des Marsilio Ficino und Freund Lorenzos des Prächtigen, lädt die Gelehrtenwelt zur Diskussion seiner 900 Thesen ein
1490 Maximilian I. vertreibt die Ungarn aus Niederösterreich. *Der 15jährige Michelangelo wird Hausgenosse im Palazzo Medici*
1491 Savonarola wird Prior des Klosters San Marco in Florenz
1492 *Lorenzo der Prächtige stirbt, Auflösung der Platonischen Akademie in Florenz; Piero der Unglückliche wird Stadtherr in Florenz.* Christoph Kolumbus entdeckt Kuba und Haiti. Martin Behaim konstruiert in Nürnberg den ersten Erdglobus. Rodrigo de Borja wird Papst (Alexander VI.)
1493 Kolumbus entdeckt Dominica, Puerto Rico und Jamaica. Teilung der Neuen Welt zwi-

schen Spanien und Portugal durch den Schiedsspruch Alexanders VI. Maximilian I. wird deutscher Kaiser. In Nürnberg erscheint die Weltchronik des Hartmann Schedel mit Holzschnitten von Wolgemut und Pleydenwurf

1494 Einmarsch französischer Truppen in Florenz. *Vertreibung Pieros des Unglücklichen.* Savonarola übernimmt die Herrschaft in Florenz. Verlust von Pisa. Leonardo kehrt nach Florenz zurück. Dürer kommt nach Italien. Gründung der Offizin des Aldus Manutius in Venedig, Druck griechischer und lateinischer Texte. Hans Holbein d. Ä. in Augsburg. Sebastian Brant: »Das Narrenschiff«

1495 Beginn der Reichsreform auf dem Reichstag zu Worms

1496 Philipp der Schöne von Habsburg heiratet die spanische Erbtochter Johanna die Wahnsinnige: die spanische Krone kommt an das Haus Habsburg. Michelangelo geht nach Rom

1497 Johannes Reuchlin begründet mit der Komödie »Henno« das lateinische Schuldrama in Deutschland

1498 Savonarola wird auf der Piazza della Signoria verbrannt. Machiavelli wird Sekretär des Rats der Zehn in Florenz. Cristoforo Landino, Kanzler der Signoria und Mitglied der Platonischen Akademie, stirbt. Erstes gesetzliches Arzneibuch in Florenz herausgegeben. Dürer: Holzschnittzyklus der »Apokalypse«. Vasco da Gama entdeckt den Seeweg nach Ostindien um Südafrika

1499 Marsilio Ficino, Arzt und Platon-Übersetzer, Leiter der Platonischen Akademie, stirbt in der Villa di Careggi. Cesare Borgia zieht gegen die Romagna, Umbrien und Siena. Amerigo Vespucci entdeckt den Amazonas

um 1500 Mittelitalien besteht aus der Republik Florenz (mit Pisa), der Republik Lucca (mit Elba und Orbetello), dem Kirchenstaat (mit Ancona, Perugia und Viterbo) und dem Nordteil des Königreichs Neapel. Hieronymus Bosch malt den »Garten der Lüste«

1500 Ludwig XII. von Frankreich besetzt Mailand. Leonardo kehrt nach Florenz zurück

1501 Michelangelo beginnt in Florenz mit der Arbeit am Marmor-David

1502 Kolumbus entdeckt das mittelamerikanische Festland. Amerigo Vespucci erkennt Südamerika als selbständigen Kontinent. Friedrich der Weise gründet die Universität Wittenberg

1503 Giuliano della Rovere wird Papst (Julius II.), begründet den neuzeitlichen Kirchenstaat

1504 Michelangelos David wird als Wahrzeichen der Stadt Florenz vor dem Palazzo della Signoria aufgestellt. Raffael in Florenz

1505 Dürer kommt zum zweiten Mal nach Italien. Lucas Cranach d. Ä. geht nach Wittenberg

1506 Beginn des Neubaus der Peterskirche in Rom durch Bramante

1508 Kaiser Maximilian I. schließt mit Frankreich, Spanien und dem Papst die Liga von Cambrai gegen Venedig. Michelangelo beginnt mit der Ausmalung der Decke der Sixtinischen Kapelle

1509 Heinrich VIII. wird König von England. Florenz unterwirft erneut Pisa. Raffael beginnt mit der Ausmalung der Stanzen im Vatikan

1510 Martin Luther reist nach Rom

1511 Papst Julius II. schließt mit Venedig die Heilige Liga gegen Frankreich. Jakob Fugger übernimmt das Familienunternehmen in Augsburg. Erasmus von Rotterdam: »Lob der Torheit«

1512 Niederlage der Franzosen in Italien. Florenz erobert Prato. *Giuliano de' Medici, jüngster Sohn Lorenzos des Prächtigen, regiert in Florenz*

1513 *Giovanni de' Medici wird Papst (Leo X.). Lorenzo, Sohn Pieros des Unglücklichen, übernimmt die Herrschaft in Florenz.* Machiavelli schreibt »Il Principe«. Nunez de Balboa entdeckt den Stillen Ozean jenseits Panama

1514 Das Haus Fugger bringt den Ablaßhandel in seine Hände

1515 Franz I. wird König von Frankreich, Beginn der Rückeroberung Italiens

1516 Thomas Morus entwirft in der »Utopia« einen Idealstaat nach dem Vorbild von Platos »Politeia«. Karl I. wird König von Spanien, Neapel, Sizilien und den burgundischen Niederlanden. *Lorenzo wird von seinem Oheim Leo X. zum Herzog von Urbino ernannt*

1517 Luther schlägt seine Thesen an die Schloßkirche zu Wittenberg, Beginn der Reformation in Deutschland. Portugiesen erreichen auf dem Seeweg Kanton

1519 Leonardo stirbt in Frankreich. Karl V. (I.) wird deutscher Kaiser. Melanchthon wird Theologieprofessor in Wittenberg. Zwingli wirkt als Leutpriester am Großmünster in Zürich. Beginn der ersten Weltumsegelung durch Magellan

1520 Leo X. erläßt die Bannbulle gegen Martin Luther

1523 *Giulio de' Medici wird Papst (Clemens VII.).* Thomas Münzer gründet den »Bund getreulichen und göttlichen Willens«. Der Gräzist Guillaume Budé gründet das Collège de France und die Bibliothèque Nationale in Paris. Jacobus Faber übersetzt das griechische Neue Testament

1524 Ludovico Ariosto wird Hoftheaterdichter in Ferrara. Beginn des Bauernkrieges in Süd- und Mitteldeutschland

1525 Schlacht bei Pavia, Karl V. bricht die französische Vorherrschaft Franz' I. in Italien

1526 *Clemens VII. erhebt sich gegen Kaiser Karl V.* Ferdinand I. von Habsburg wird König von Böhmen und Ungarn. Paracelsus ist Professor in Basel

1527 Sacco di Roma, Plünderung Roms durch kaiserliche Söldnertruppen

1528 Albrecht Altdorfer: »Alexanderschlacht«

1529 Erste Türkenbelagerung vor Wien. *Clemens VII. gewinnt in Bologna Kaiser Karl V. für einen Feldzug gegen Florenz*

1530 Kaiserliche Truppen erobern Florenz

1531 *Rückkehr der Medici mit Herzog Alessandro*

1534 Die englische Kirche löst sich von Rom, Beginn der anglikanischen Staatskirche. Ignatius von Loyola begründet den Orden der Jesuiten. Alessandro Farnese wird Papst (Paul III.). Michelangelo vollendet die Medici-Gräber und verläßt Florenz endgültig

1535 *Ippolito, Sohn Giulianos, des Herzogs von Nemours, wird vergiftet*

1536 Johann Calvin veröffentlicht die »Christianae religionis institutio«

1537 *Lorenzino de' Medici ermordet seinen Vetter Herzog Alessandro; Cosimo I. wird Herzog von Florenz*

1538 Tizian malt die »Venus von Urbino«

1543 Kopernikus veröffentlicht »De revolutionibus orbium coelestium«

1546 Pietro Aretinos »L'Orazia« erscheint

1554 Cellini vollendet die Statue des Perseus mit dem Haupt der Medusa

1555 Die Spanier treten das eroberte Siena an Cosimo I. ab: endgültige Unterwerfung von Siena durch Florenz

1556 Philipp II. wird König von Spanien, Beginn des Krieges mit Frankreich
1558 Elisabeth I. wird Königin von England
1559 Frankreich verliert den letzten Einfluß in Italien an Spanien. Margherita von Österreich-Parma wird Statthalterin der Niederlande
1560 *Caterina de' Medici, Königin von Frankreich, übernimmt nach dem Tod ihres Sohnes Franz II. die Regentschaft*
1563 Vasari beginnt den Saal der Fünfhundert im Palazzo Vecchio auszumalen
1564 Michelangelo stirbt in Rom. Shakespeare geboren
1570 *Cosimo I. wird von Papst Pius V. zum Großherzog von Toscana erhoben*
1574 *Cosimo I. stirbt, Francesco I. de' Medici wird Großherzog von Toscana*
1577 Tintoretto beginnt mit der Ausmalung der Scuola di San Rocco in Venedig
1587 *Ferdinando I. übernimmt nach dem Tod seines Bruders Francesco die Herrschaft in Florenz*
1610 *Maria de' Medici, Tochter Francescos I., Königin von Frankreich, übernimmt die Regentschaft für ihren Sohn Ludwig XIII.*
1737 *Gian Gastone de' Medici, der letzte männliche Nachkomme der Familie, stirbt.* Das Großherzogtum Toscana wird dem Gemahl der Maria Theresia, Franz von Lothringen, übertragen
1743 *Anna Maria Ludovica, die letzte Medici, stirbt in Florenz*
1797 Französische Truppen unter dem Befehl Napoleons beginnen Italien zu erobern; der Kirchenstaat wird zur Römischen Großrepublik
1810 Die Römische Großrepublik kommt an Frankreich
1815 Nach dem Sturz Napoleons kehren die Lothringer nach Florenz zurück. Lucca wird als Herzogtum der Familie Bourbon-Parma übertragen
1847 Das Herzogtum Lucca fällt an das Großherzogtum Toscana
1860 Nach Volksabstimmung schließt sich die Toscana dem Königreich Sardinien an
1861 Das Königreich Italien wird ausgerufen, Hauptstadt ist Florenz; Viktor Emanuel II. residiert im Palazzo Pitti
1870 Italienische Truppen besetzen Rom und den Rest des Kirchenstaates
1871 Die Hauptstadt Italiens wird von Florenz nach Rom verlegt
1946 Italien wird Republik
1966 Die schwerste Hochwasserkatastrophe in der Geschichte des Landes sucht Italien am 4. 11. heim und vernichtet vor allem in Florenz Kunstschätze von unersetzlichem Wert. Restauratoren, Studenten und Jugendliche aus aller Welt kamen spontan in die Stadt, um bei der Bergung und Wiederherstellung der Kunstschätze zu helfen. Heute sind die Schäden größtenteils behoben.

Fotonachweis

Alinari, Florenz XVIII; 8, 12, 15, 16, 19, 23, 25, 26, 29, 31, 34, 42, 43, 50, 51, 54, 58, 59, 60, 70 72, 75, 77, 79, 80, 81, 85, 86, 87, 89, 90, 91 97, 101–108, 110, 117, 129, 131, 135, 138, 140, 145, 146, 150, 163, 164, 165, 168, 170, 172, 174
Anderson, Rom 6, 7, 30, 122
Biblioteca Nazionale Centrale, Florenz. Aus dem Werk: ›Chronologica Series Simulacrorum Regiae Familiae Mediceae‹ (Centum, expressa Toreumis Florentiae MDCCLXI apud Josephum Allegrini 14, 17, 44, 63, 73, 74, 78, 83, 92
Bildarchiv F. Bruckmann, München 82
Bildarchiv Foto Marburg 27, 46, 93, 116
Ed. Brogi, Florenz 22, 33, 52, 56, 88, 96, 98, 114
DuMont-Bildarchiv, Köln 10, 13, 18, 21, 24, 32, 35, 36, 49, 55, 57, 69, 71, 76, 94, 115, 119, 120, 121, 124, 125, 126, 127, 130, 132, 133, 134, 137, 139, 141, 142, 144, 147, 149, 152, 153, 154, 155, 156, 157, 158, 159, 160, 161, 162, 166, 169, 171, 173
My Heilmann, Düsseldorf 48, 118, 123, 128, 136, 148, 151, 167
Historia-Photo, Bad Sachsa 143
Musée Bonnat, Bayonne 41
National Gallery, Samuel H. Kress Coll., Washington D. C. 45
Scala, Istituto Fotografico Ed., Antella/Florenz XIX, XX, XXI, XXII, XXIII
Staatsbibliothek Preußischer Kulturbesitz, Berlin 3, 65
Walter Steinkopf, Berlin 47
Werner Stuhler, Hergensweiler V, VI, VII, VIII, X, XI, XII, XIII, XIV, XV, XVI, XVII; 1, 2, 4, 5, 9, 11, 20, 28, 37, 38, 39, 40, 84, 95, 99, 100, 109, 111, 112, 113
The Cleveland Museum of Art, The Holdon Coll., Cleveland 53
ZEFA, Düsseldorf I, II, III, IX

(Der Übersichtlichkeit halber sind die Farbtafeln hier mit römischen Ziffern bezeichnet)

Register

Personen

Orte und Standorte

Raum für Reisenotizen

Anschriften neuer Freunde, Foto- u. Filmvermerke, neuentdeckte gute Restaurants, etc.

Raum für Reisenotizen

Anschriften neuer Freunde, Foto- u. Filmvermerke, neuentdeckte gute Restaurants, etc.

Das Hügelland und die historischen Stadtzentren – Pisa, Lucca, Pistoia, Prato, Arezzo, Siena, San Gimignano, Volterra
Von Klaus Zimmermanns. 392 Seiten mit 40 farbigen und 132 einfarbigen Abbildungen, 140 Plänen u. Zeichnungen, 16 Seiten praktischen Reisehinweisen, Literaturangaben, Register, kartoniert (DuMont Kunst-Reiseführer)

»Wie immer bei den DuMont-Reiseführern gibt es reichlich Abbildungen sowie Literaturhinweise und praktische Reisetips, die jene profane und irdische Vorbedingungen erörtern, die die Voraussetzung für einen ungetrübten Kunstgenuß bilden.« *Wiener Zeitung*

Bilder einer Landschaft
Von Wulf Ligges. Mit einem einführenden Text von Klaus Zimmermanns. 112 Seiten mit 70 Farbfotos, Leinen

»Farbaufnahmen voller Intensität machen dieses Buch zu einem der schönsten Bildbände der letzten Jahre – mit zauberischen Stimmungen, Schleierhimmeln, graphischer Spielerei – eine Toscana in Pastell.« *Die Zeit*

»Wie hier die Schönheit einer Landschaft festgehalten wurde, das ist einfach meisterlich. Wulf Ligges, ein Renoir, ein Monet mit der Kamera.« *Neue Osnabrücker Zeitung*

DuMont Kunst-Reiseführer

»Kunst- und kulturgeschichtlich Interessierten sind die DuMont Kunst-Reiseführer unentbehrliche Reisebegleiter geworden. Denn sie vermitteln, Text und Bild meist trefflich kombiniert, fundierte Einführungen in Geschichte und Kultur der jeweiligen Länder oder Städte, und sie erweisen sich gleichzeitig als praktische Führer.«

Süddeutsche Zeitung

Alle Titel in dieser Reihe:

- Ägypten und Sinai
  - Entdeckungsreisen in Ägypten 1815–1819
- Algerien
- Arabien
  - Reisen in Arabia Deserta
  - Entdeckungsreisen in Südarabien
- Belgien
- Bulgarien
- Bundesrepublik Deutschland
  - Das Bergische Land
  - Bodensee und Oberschwaben
  - Die Eifel
  - Franken
  - Hessen
  - Köln
  - Kölns romanische Kirchen (Oktober '84)
  - Die Mosel (Oktober '84)
  - München
  - Münster und das Münsterland
  - Zwischen Neckar und Donau
  - Der Niederrhein
  - Oberbayern
  - Oberpfalz, Bayerischer Wald, Niederbayern
  - Ostfriesland
  - Die Pfalz
  - Der Rhein von Mainz bis Köln
  - Das Ruhrgebiet
  - Schleswig-Holstein
  - Der Schwarzwald und das Oberrheinland
  - Sylt, Helgoland, Amrum, Föhr
  - Der Westerwald
  - Östliches Westfalen
- DDR
- Dänemark
- Frankreich
  - Auvergne und Zentralmassiv
  - Die Bretagne
  - Burgund
  - Côte d'Azur
  - Das Elsaß
  - Frankreich für Pferdefreunde
  - Frankreichs gotische Kathedralen
  - Korsika
  - Languedoc-Roussillon
  - Das Tal der Loire
  - Die Normandie
  - Paris und die Ile de France
  - Périgord und Atlantikküste
  - Das Poitou
  - Licht der Provence
  - Savoyen
  - Südwest-Frankreich
- Griechenland
  - Hellas
  - Athen
  - Die griechischen Inseln
  - Alte Kirchen und Klöster Griechenlands
  - Tempel und Stätten der Götter Griechenlands
  - Kreta
  - Rhodos
- Großbritannien
  - Englische Kathedralen
  - Die Kanalinseln und die Insel Wight
  - Schottland
  - Süd-England
- Guatemala
- Das Heilige Land
- Holland
- Indien
  - Ladakh und Zanskar
- Indonesien
  - Bali
- Iran
- Irland
- Italien
  - Elba
  - Das etruskische Italien
  - Florenz
  - Ober-Italien
  - Von Pavia nach Rom
  - Rom
  - Das antike Rom
  - Sardinien
  - Sizilien
  - Südtirol
  - Toscana
- Japan
  - Nippon
- Der Jemen
- Jugoslawien
- Kenya
- Luxemburg
- Malta und Gozo
- Marokko
- Mexiko
  - Unbekanntes Mexiko (Oktober '84)
- Nepal
- Österreich
  - Kärnten und Steiermark
  - Salzburg, Salzkammergut, Oberösterreich
  - Tirol
  - Wien und Umgebung
- Pakistan
- Portugal
- Rumänien
- Die Sahara
- Sahel: Senegal, Mauretanien, Mali, Niger
- Die Schweiz
- Skandinavien
- Sowjetunion
  - Kunst in Rußland
  - Sowjetischer Orient
- Spanien
  - Die Kanarischen Inseln
  - Katalonien
  - Mallorca – Menorca
  - Südspanien für Pferdefreunde
  - Zentral-Spanien
- Sudan
- Südamerika
- Syrien
- Thailand und Burma
- Tunesien
- Türkei
- USA – Der Südwesten

»Diese Einführungen in Kunst, Kultur, Geschichte und Landschaft eines Landes gehören zum Besten, was man heute zur Vorbereitung einer Reise in die Hand nehmen kann. Der Informationswert liegt sehr hoch, die vielen Abbildungen geben Anregung und Erinnerung. Selbst auf einen Teil mit mehr praktischen Hinweisen wurde nicht verzichtet.«

Literaturreport

Alle Bände mit vielen, zum Teil farbigen Abbildungen; dazu Zeichnungen, Karten, Grundrisse, praktische Reisehinweise.

»Richtig reisen«

»Richtig reisen«: Algerische Sahara
Reise-Handbuch. Von Ursula und Wolfgang Eckert

»Richtig reisen«: Amsterdam
Von Eddy und Henriette Posthuma de Boer

»Richtig reisen«: Arabische Halbinsel
Saudi-Arabien und Golfstaaten
Reise-Handbuch. Von Gerhard Heck und Manfred Wöbcke

»Richtig reisen«: Australien
Reise-Handbuch. Von Johannes Schultz-Tesmar

»Richtig reisen«: Bahamas
Von Manfred Ph. Obst. Fotos von Werner Lengemann

»Richtig reisen«: Bangkok
Von Stefan Loose und Renate Ramb

»Richtig reisen«: Von Bangkok nach Bali
Thailand – Malaysia – Singapur – Indonesien
Reise-Handbuch. Von Manfred Auer

»Richtig reisen«: Berlin
Von Ursula von Kardorff und Helga Sittl

»Richtig reisen«: Budapest
Von Erika Bollweg

»Richtig reisen«: Cuba
Reise-Handbuch. Von Karl-Arnulf Rädecke (Okt. '84)

»Richtig reisen«: Florida
Von Manfred Ph. Obst. Fotos von Werner Lengemann

»Richtig reisen«: Griechenland
Delphi, Athen, Peloponnes und Inseln
Von Evi Melas

»Richtig reisen«: Griechische Inseln
Reise-Handbuch. Von Dana Facaros

»Richtig reisen«: Großbritannien
England, Wales, Schottland
Von Rolf Breitenstein

»Richtig reisen«: Hawaii
Von Kurt Jochen Ohlhoff

»Richtig reisen«: Holland
Von Helmut Hetzel

»Richtig reisen«: Hongkong
Mit Macau und Kanton. Von Uli Franz

»Richtig reisen«: Ibiza/Formentera
Von Ursula von Kardorff und Helga Sittl

»Richtig reisen«: Irland
Republik Irland und Nordirland
Von Wolfgang Kuballa

»Richtig reisen«: Istanbul
Von Klaus und Lissi Barisch

»Richtig reisen«: Kairo
Von Peter Wald

»Richtig reisen«: Kalifornien
Von Horst Schmidt-Brümmer und Gudrun Wasmuth

»Richtig reisen«: Kanada und Alaska
Von Ferdi Wenger

»Richtig reisen«: Kopenhagen
Von Karl-Richard Könnecke

»Richtig reisen«: Kreta
Von Horst Schwartz

»Richtig reisen«: London
Von Klaus Barisch und Peter Sahla

»Richtig reisen«: Los Angeles
Hollywood, Venice, Santa Monica
Von Priscilla und Matthew Breindel

»Richtig reisen«: Malediven
Reise-Handbuch. Von Norbert Schmidt

»Richtig reisen«: Marokko
Reise-Handbuch. Von Michael Köhler

»Richtig reisen«: Mexiko und Zentralamerika
Von Thomas Binder

»Richtig reisen«: Moskau
Von Wolfgang Kuballa

»Richtig reisen«: München
Von Hannelore Schütz-Doinet und Brigitte Zander

»Richtig reisen«: Nepal
Kathmandu: Tor zum Nepal-Trekking
Von Dieter Bedenig

»Richtig reisen«: Neu-England
Boston und die Staaten Connecticut, Massachusetts, Rhode Island, Vermont, New Hampshire, Maine
Von Christine Metzger

»Richtig reisen«: New Mexico
Santa Fe – Rio Grande – Taos
Von Gudrun Wasmuth u. a.

»Richtig reisen«: New Orleans
und die Südstaaten Louisiana, Mississippi, Alabama, Tennessee, Georgia
Von Hanne Zens, Horst Schmidt-Brümmer und Gudrun Wasmuth

»Richtig reisen«: New York
Von Gabriele von Arnim und Bruni Mayor

»Richtig reisen«: Nord-Indien
Von Henriette Rouillard

»Richtig reisen«: Norwegen
Von Reinhold Dey

»Richtig reisen«: Paris
Von Ursula von Kardorff und Helga Sittl

»Richtig reisen«: Peking und Shanghai
Von Uli Franz

»Richtig reisen«: Rom
Von Birgit Kraatz

»Richtig reisen«: San Francisco
Von Hartmut Gerdes

»Richtig reisen«: Die Schweiz und ihre Städte
Von Antje Ziehr

»Richtig reisen«: Seychellen
Reise-Handbuch. Von Wolfgang Därr

»Richtig reisen«: Südamerika 1
Kolumbien, Ekuador, Peru, Bolivien
Von Thomas Binder

»Richtig reisen«: Südamerika 2
Argentinien, Chile, Uruguay, Paraguay
Von Thomas Binder

»Richtig reisen«: Südamerika 3
Brasilien, Venezuela, die Guayanas
Von Thomas Binder

»Richtig reisen«: Süd-Indien
Von Henriette Rouillard

»Richtig reisen«: Texas
Von Horst Schmidt-Brümmer und Gudrun Wasmuth

»Richtig reisen«: Tunesien
Reise-Handbuch. Von Michael Köhler

»Richtig reisen«: Venedig
Von Eva Bakos

»Richtig reisen«: Wallis
Von Antje Ziehr

»Richtig reisen«: Wien
Wachau, Wienerwald, Burgenland
Von Wolfgang Kuballa und Arno Mayer